皇家赌城
INSIGHT OF MONACO

看懂摩纳哥　张国斌 著

暴走星球

前往一个国度
给自己一段传奇

在法兰西和意大利之间,地中海之滨,有个很小很小的王国,这个王国叫摩纳哥。

——列夫·托尔斯泰

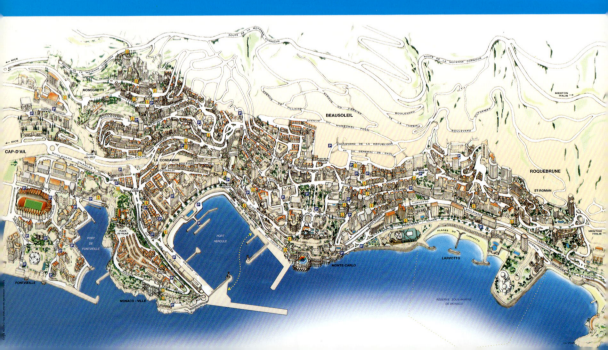

目录 CONTENTS

- 01　引言　重返蒙特卡洛

- 05　第一部分　千年迷你王国
  - 公国的由来 /06
  - 王室的传奇 /014

- 031　第二部分　看懂摩纳哥
  - 悬崖之国 /032
  - 缔造赌城 /035
  - 贵族式的豪赌 /046
  - 免税天堂 /061
  - 阳台上看F1 /066
  - 百年饭店 /081
  - 酒与人生 /096
  - 味蕾上的地中海 /110

- 123　第三部分　文化地标
  - 王宫 /126
  - 海洋博物馆 /140
  - 格里马尔迪国际会议中心 /150
  - 歌剧院与大教堂 /160
  - 文化家园 /170

- 178　附录　上海申博的见证者

- 182　后记

序 一

很高兴看到国斌的又一本新作《皇家赌城》问世了。国斌要我为《皇家赌城》一书作序，我欣然同意。

我认识国斌已有不少年头了，但是我对他有较多的了解，还是在他1999年1月到中国驻法国马赛总领馆工作之后。我记得1999年2月春节前夕，我应摩纳哥政府的邀请去访问，摩方对我的到访十分重视。我乘法航班机抵达尼斯机场，摩纳哥政府派了专用直升飞机，接我和夫人去摩纳哥。下飞机后，由警车开道，把我们送到摩纳哥最好的酒店——巴黎大饭店。那时国斌刚到摩纳哥不久，我访问摩纳哥的活动主要是由他安排的。他在礼宾司干过，对安排此类活动很有经验，整个访问有条不紊，我看到了国斌的礼宾才干。此后我又多次与他工作上有接触，看到他不仅在礼宾方面有才干，而且组织能力很强，也很善于对外交流与沟通，所以他在法国有很多朋友。

几年之后，驻法使馆办公室主任要离任。外交部的大使们都懂得，办公室主任这个角色对使馆工作顺利运转十分重要。作为主管行政、后勤的办公室主任，对上要经常同大使接触；对下要经常同工勤人员，如厨师、招待员、司机打交道；对外要同驻在国官方和各种服务公司来往。如果办公室主任能力强，使馆的后勤就会井然有序，大使工作起来也会减少许多后顾之忧。所以，当驻法使馆办公室主任需要轮换时，我马上想到他。国斌是我在法国工作期间最干练的办公室主任。他担任办公室主任期间，上下左右关系都很和谐，大家的积极性，特别是工勤的积极性得到了充分的发挥，我对他的工作是满意的。

看了国斌写的《皇家赌城》一书后，我发现他还是一个有心人，他对所去过的地方、接触的人、地方的特色，都认真观察过。国斌的手很勤，闲暇时，他就把自己的所见所闻记录下来。他喜爱文学，在写作方面又有较好的功底，所以文笔流畅、生动。

　　申办上海世博会，是我在担任驻法大使期间所经历的一件大事。国斌对中国申办世博会的记述有他的独到之处。2002年底我们在摩纳哥苦战的那几天，整个后勤工作是由国斌负责。每天有几百人要吃中餐，都是由国斌主管的后勤人员准备。当地没有大的中餐馆，条件十分有限，可是国斌带领大家干得很出色。外交上的成果展现给大家的都是风光的一面，但是人们不知道，为了取得这样的成果，有一大批无名英雄在台后默默无闻地工作。这些人在电视画面上看不到，但他们对成功申办世博会的付出是巨大的。过去在介绍申办世博的时候，很少讲到后勤这方面，国斌的书弥补了这一缺陷，使读者对于申博有较全面的了解。

　　本书的独到之处，是国斌对阿尔贝二世的介绍。兰尼埃三世在摩纳哥执政多年，他去世后由阿尔贝二世继位。阿尔贝二世在摩纳哥的地位显而易见，不是一般人能够接触到的，可是国斌却同他交上了朋友，这是很不容易的。

　　中国人正在走出国门，我国的旅游者出游欧洲的首选国往往是法国。我希望大家去法国南方参观的时候，争取去看看摩纳哥。如果出发前能看看这本书，大有裨益。

吴建民（中国前任驻法国大使）

序 二

作为摩纳哥驻北京的荣誉领事，我非常隆重地向朋友们推荐这本介绍摩纳哥的精彩之作。

我认识作者张国斌先生已经有二十多年了。想当年，我们是在日内瓦读书的时候认识的。当时国斌由外交部派来参加外交官培训项目，记得当年他已经是一位意气风发、踌躇满志的年轻外交官。在此之后，相遇甚少，只知道他始终坚守在外交战线上。

2009年初夏，突然接到国斌的电话，告知要被派到法国海外省留尼汪当总领事，走之前要送我一本书一阅。但因我工作非常繁忙，之后又要去欧洲，故未能在国斌兄出国前见一面。但他给我留下了这本介绍摩纳哥的书稿。我一口气读完之后，深有感触。不仅被作者优美流畅的文笔所吸引，也为他观察分析细致入微，故事引人入胜而折服。摩纳哥的历史、文化、人文风光和今昔风采，在作者笔下栩栩如生。

感谢张国斌先生通过这本书使我们真真切切感受到一个面积仅有1.95平方公里，三万五千多居民的袖珍国家——摩纳哥的独特魅力。

阎　兰（摩纳哥驻北京荣誉领事）

引 言

重返蒙特卡洛

飞机在尼斯国际机场着陆时,已经是晚上十点了。夜色中,一切都被灯火裹挟得朦胧起来。辗转来到地面停车场,直到我们发动汽车离开,整个过程中没有人过来检查我们的身份证明,也没有人对我们托运的行李加以核查,非常顺利地,一行人开始前往摩纳哥。

汽车在蜿蜒的公路上行驶,每隔一段距离,就有一块高耸的广告牌或者旅馆模样的建筑跃入眼帘。除了法文的标识外,乍看起来,眼前的景象和在国内所能见到的也没有太大差别。黑夜遮蔽了美景。要知道,现在我们驶过的"英国人漫步大道"一侧,正是法国闻名世界的亮丽风景线——蔚蓝海岸的一段。不过现在,人们大概都已躲进酒吧或饭店消遣,只有在晚风中赶路的旅人,在静谧的夜幕中点染出一抹流动的色彩。

在约30分钟的车程里,展现在我们眼前的画面,宁静得近乎寂寥。直到汽车突然拐了一个弯,仿佛来到另一个世界——已经是子夜时分,这里却像白天的闹市一样人声鼎沸:灯光璀璨,名车斗艳,穿戴整齐的人们在金碧辉煌的各式建筑前穿梭流连。汽车刚停稳,便有衣着笔挺的侍应生优雅地拉开车门,笑容可掬地用纯正的法语恭迎道:"欢迎来到摩纳哥,欢迎下榻巴黎大饭店。"

2008年夏天,我就是这样,再一次来到摩纳哥的面前。因为看望在巴黎念书的儿子,我到了巴黎。摩纳哥的朋友邀请我,希望我趁在巴黎之际到摩一游。我又试着与阿尔贝二世亲王联系,看能否见到亲王,王宫很快回复:亲王约我到王宫一叙。于是我在料理好巴黎的事务后，便赶往摩纳哥赴约，顺便为本书的写作搜集素材。在探亲的间隙中故地重游，是促成我和摩纳哥最近一次"亲密接触"的机缘。

袖珍小国摩纳哥偏居欧洲西南一隅，紧邻法国尼斯，被誉为蔚蓝海岸线上洒落在地中海边的一颗明珠。我在外交工作中第一次与她结缘始于1999年。是年1月底，我被派往中国驻法国马赛总领事馆任领事，同时兼管摩纳哥同我国的双边工作。因为工作关系，我结识了很多当地朋友，也多次安排国内来的代表团游览摩纳哥。

我眼里的摩纳哥是这样的：

她有着古老生活的倒影。蔚蓝的地中海在此处凹成"几"形，蜿蜒流淌了几个世纪。老城区里，人们生活得慢条斯理，空气中弥漫着咖啡的香气，经常能见到头发花白的老人抱着猫儿狗儿在路边晒太阳，慵懒而惬意地坐等时光逝去。

她是现代文明的福地。声势浩大的填海造地工程堪称和平拓展国土的创举。轻工业和无污染工业在全球名列前茅。第三产业中金融业的发展令人咂舌，银行业务直逼瑞士银行。

她跻身欧洲最美的度假胜地之一。在这个"以鲜花筑起国界"的国度里，地中海海岸在阿尔卑斯山南部山脚下延伸出的44公里长的海岸线上，有着全年300天阳光灿烂的好天气。

她是世界上最安全的国度之一。遍布全国的125个摄像头，日夜监控着境内几乎每一寸土地，让罪犯无机可趁、无处遁形。据说在欧洲受到通缉的很多潜逃的罪犯，就是在摩纳哥被抓捕落网的。

眼里有风景的人，看到的是属于摩纳哥的一座山、一片海，以及面朝大海的房子；心中有风景的人，还能闻到阳光、山与海的味道，感受一种平淡、恬静与诗意。记得多年前我陪同国内来的代表团游览摩纳哥，在海边花园中散步的时候，团里有一个年轻人开始大声背诵海子的诗句："从明天起，做一个幸福的人……有一所房子，面朝大海，春暖花开。"当时在场的人都笑了。不过，在摩纳哥，这样温暖的梦想或许并不是奢望。

现在，国内一些旅行社在为游客安排欧洲行的时候，有关摩纳哥的行程，大都只走马观花地安排半天到一天的时间，也许是觉得这个国家太小，所以惜时如金。我对此感到有些遗憾，我认为摩纳哥的旅游价值，不仅是地中海畔的自然风光、王宫、赌场，她的"小"而"强"也是值得考量的。在不断追问"为什么"的过程中，你会发现这个国家与众不同、值得钦佩的地方。我建议大家若是有机会来到这里，不妨多停留一阵，多思考一下，相信每个人都会得出自己的答案。

Part

1

千年迷你王国

 公国的由来
王室的传奇

公国的由来

大力神栖止之处

与公国的大小相比,一个多世纪以来,摩纳哥的经济发展取得了巨大的成功,其繁荣程度让很多大国艳羡不已。但历史上,这个建立在悬崖上的国家并非始终繁荣昌盛,甚至经历过很长一段厄运频频的时期。

据说,摩纳哥地区在旧石器时代就有人类居住的痕迹。至于它因何而得名,有这样一则传说:

> 宙斯是希腊神话中的众神之王,有一次,他的儿子大力神赫拉克勒斯从西班牙归来,行至此地被这里迷人的风景所吸引,久久不肯离去,萌生了在此长期居住的想法。于是,赫拉克勒斯在一处宽 350 米、长 700 米、高出海平面 60 米的断崖上,建造了名为"波图斯·赫拉克勒斯·摩纳基"的城市,意为"幽静",这便是以后摩纳哥公国的雏形。

古希腊历史学家埃卡特·德米莱特或许是最早提及摩纳哥的学者,他说,"摩纳哥,是利古里亚之城"。利古里亚是一个古旧的名称,起源于古罗马时期,是对意大利西北部地区的统称,包括如今利古里亚海的热那亚湾一带。

很久以前,摩纳哥峻峭的岩石和自然形成的海港,就成为原始人的居住地和东方航海者的避难所。利古里亚人在公元前 122 年罗马人来到这里统治他们之前,首先将家安顿在这里。公元 5 世纪时,随着罗马帝国的衰落,摩纳哥成为野蛮人争夺的地方。这一境况在公元 975

赫拉克勒斯雕像

年普罗旺斯的伯爵们将撒拉森人赶出后得以好转,宣告了摩纳哥新的时代的到来。

在此之后,热那亚共和政府夺得了这一地区海上的控制权。1215年,一个名叫卡斯蒂略(Fulco de Castello)的热那亚人(忠实于君主的吉伯林派的成员),开始在俯瞰地中海的悬崖上修筑城堡,成为日后的摩纳哥王宫。1297年,另一个热那亚人,格里马尔迪(François Grimaldi),忠实于教皇的归尔甫派成员),通过伪装成僧侣获得了进入城堡的许可,进而控制了城堡,但在四年后,被毫不留情地驱逐出境。此后长达数百年的时间里,这两个热那亚家族有过八次关于主权的交锋。随着教皇派的复兴,格里马尔迪家族最终建立起霸权地位,其后裔成为摩纳哥的封建首领和王公贵族。

1489年,法国国王和萨伏伊的公爵签署了法案,承认摩纳哥独立。1507年3月,由1万人组成的热那亚部队,对城堡发起最后一次攻击。卢西安·格里马尔迪君主带领600个士兵顽强反抗,在城堡里抵抗了整整100天。6个月后,法国国王又企图将摩纳哥占为己有,把卢西安监禁了两年。1512年,法国国王终于承认了摩纳哥的独立地位,任命加塞(Gasse)主教,卢西安和他兄弟奥古斯丁为普罗旺斯议会的特别顾问。

在成为摩纳哥君主后,奥古斯丁一世在1524年将摩纳哥置于西班牙的保护下。1605年,西班牙人在摩纳哥建立起永久的驻地。1641年,在法国的帮助下,奥诺雷二世亲王将西班牙军队驱逐出境,由法国军队取而代之。摩纳哥由此进入持续一个半世纪的繁荣时期。期间,格里马尔迪家族通过联姻等方式将自己与法国贵族家庭结合起来，并通过与法国一起进行的一系列危险的战役而获得了认可。

1793年，法国大革命的战火波及到摩纳哥，法国共和政府将其侵并。格里马尔迪人被抢夺了财产和头衔，被关到监狱里。摩纳哥宫殿变成囚犯工厂。

在拿破仑统治下，拿破仑任命未来的摩纳哥奥诺雷五世亲王为女皇约瑟芬的王室侍从。1814年，拿破仑皇帝退位，依照《巴黎条约》的约定，政府重新将摩纳哥归还给格里马尔迪人，摩纳哥在法国新政府的保护下再次赢得独立。在百日战争和法国滑铁卢惨败后，第二个《巴黎条约》约定，将摩纳哥公国置于萨丁岛的保护下。

当意大利战争在1860年结束时，萨丁岛的国王把萨伏伊和尼斯郡割让给了法国，并从摩纳哥撤出它的军队，使公国获得完全的"解放"。

1861年2月2日，摩纳哥查理三世亲王同意将管辖下属芒通和罗克布罗的权利割让给法国。1918年，摩纳哥与法国签署协议，法国保证捍卫摩纳哥公国的独立、主权和领土完整。摩纳哥成为欧洲最小的国家之一。

1864年巴黎大饭店的开张和1868年尼斯－摩纳哥铁路的开通，标志着一个特殊的发展时期的到来。从那时开始，摩纳哥加速发展，成为一个超现代化的国家，这在1997年纪念格里马尔迪王朝700周年，以及1999年兰尼埃三世亲王大赦年的特别活动中得到反映。2005年4月6日，兰尼埃三世亲王过世，阿尔贝二世亲王继任，成为目前摩纳哥的最高元首。

> 摩纳哥,小得如同一个海胆,……建在岩石上的家园,……有海水、阳光和智慧,我们照样生活。
>
> ——摩纳哥民谣

立国的君主们

与法国若即若离的关系,可以说是摩纳哥近代历史的主旋律。值得一提的是,将公国从西班牙的桎梏中解脱出来,与法国重修旧好,其缔造者是一位钟情艺术的亲王——奥诺雷二世。

从十六世纪二十年代开始,摩纳哥沦为西班牙的保护国,直到十七世纪前三十年,一直遭受西班牙的控制。此时负责守卫公国命运的奥诺雷二世为了摆脱伊比利亚人的纠缠,开始酝酿和法国重新建立亲密的联系。于是,亲王开始与法兰西王朝的重要人物黎塞留主教谈判,所起草的合约在递交法国国王之前,被当做是最重要的机密。

1635 年,法王路易十三签署了一份文件,隐晦地承认了摩纳哥亲王的地位,这已经是一个重大突破。此时法国和摩纳哥关系的美好前景只有一块阴影——西班牙人仍驻扎在摩纳哥的城堡中。1636 年,法国人发起进攻,将西班牙人逼到勒汉岛。奥诺雷二世顶住西班牙人施加的压力,以及距离国土近在咫尺的威胁,确保公国获得了法国的护卫。

1641 年,随着皮隆尼和约的签订,法国承诺在接受摩纳哥亲王个人要求的前提下向公国提供保护,使两国关系一锤定音。这种符合摩纳哥利益的结盟,持续了近一个半世纪。那时,摩纳哥的人口为 1388 人。

将国家从西班牙的利爪中解救出来后,作为法国国王的坐上宾,奥诺雷二世对艺术的钟情也逐渐显露出来。他游历巴黎,收集众多名画、珍贵鸟禽,将王宫点缀一新,还组织盛大宴会,向客人展示王宫藏品与典雅园林。

1662年，奥诺雷二世逝世。他完全有理由对自己这三十年的统治感到骄傲。他为摩纳哥赢得近一个半世纪的稳定发展，使公国的面貌焕然一新，并开始在奢华艺术领域崭露头角。

像摩纳哥这样的弹丸之国，始终面临着被周围的大国吞并和侵略的危险。奥诺雷二世的最大功绩就是简化了摩纳哥所处的局势，由多国虎视变成由法国独自掌控。这虽然降低了强国肆意争夺的危险，但同法国的关系就变成了摩纳哥存亡的第一要务。

查理三世对王国的贡献就是在1861年同法国签订了承认摩纳哥真正独立的合约，从而在法律上确保了法国不能再起吞并之心。虽然为此查理三世忍痛割让芒通和罗克罗布，使国土面积缩小了十倍，但历史证明，对于这个小国，保持独立的价值是值得的。

查理三世在政治上为公国赢得了真正的保障，并且通过在国外设立使馆不断加强和巩固摩纳哥作为独立王国的身份。同时在经济上查理三世真正奠定了今日繁华的基础。他创建了SBM集团，开始创建一个庞大的豪华酒店集团。更有决定意义的是，他兴建欧洲最大的赌场，开启了蒙特卡洛的传奇。

愿宽厚的君主之名被无数赞歌传诵。我们将为国捐躯,而我们的后代会继续战斗。

——摩纳哥国歌

摩纳哥亲王查理三世

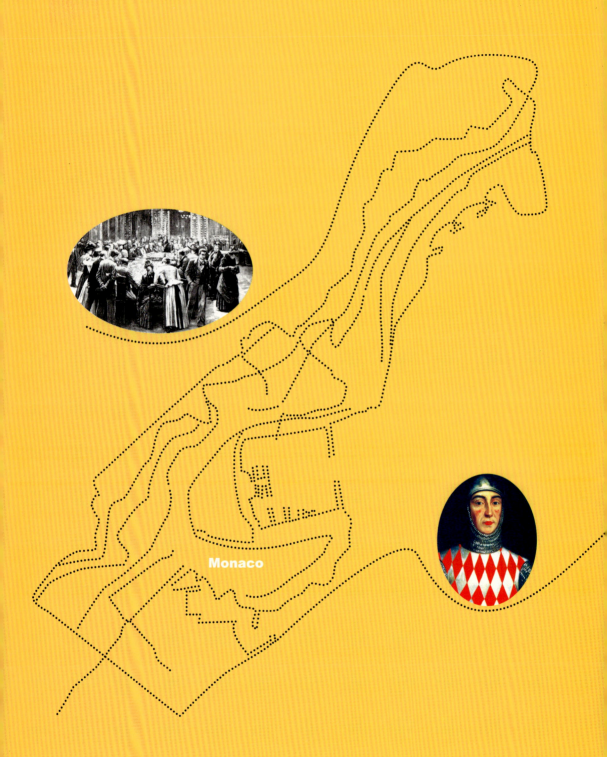
Monaco

> 凭借他的开创精神,兰尼埃亲王在近几年中为改变摩纳哥起到了决定性的作用……作为一名国家元首,他以非凡的意志一直履行职责直到最后。
> ——德国前总统 霍斯特·克勒

王室的传奇

父子亲王

延续七百余年的格里马尔迪家族不会被时代遗忘。

人们不再相信君权神授,并不妨碍摩纳哥的君主成为古老欧洲大陆上最有影响力的国家元首之一。亲王拥有最高行政权,在与各国的外交关系中代表国家。

兰尼埃三世与阿尔贝二世,当代摩纳哥的两位父子亲王,他们为推动公国的现代化不遗余力,在王室威严与媒体追逐之间游刃有余。富有时代精神的统治者深知,让公国拥有与其领土大小成反比的知名度,将使自己及国民受益匪浅。

兰尼埃三世让各大国际组织承认了摩纳哥,同时坚决保持国家传统,可谓功不可没。子承父业的阿尔贝二世面临的挑战,是沿着父辈开辟的道路继续前行,推动必要的现代化和民主发展,他定不负众望。

建设亲王兰尼埃三世

如果说查理三世的统治奠定了摩纳哥繁荣的基础,将近一百年后,兰尼埃三世半个世纪的耕耘,则将公国带入了真正的全盛时代。

> 国土拓展变得越来越困难……我们会在大海上找到出路。
> ——兰尼埃三世

摩纳哥亲王兰尼埃三世

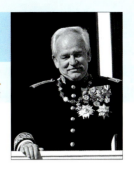

■ 锻造小国

1923年5月31日,兰尼埃出世。作为王室后裔,他从小就接受了良好的教育和严格的训练,虽然是在王宫中长大,却没有一般贵族子弟身上的那种纨绔气息。13岁时,兰尼埃被定为王位接班人,随后奔赴英国、瑞士、法国等处留学。在巴黎政治学院深造为他日后的执政打下了良好的基础,而在法国军队服役使他得以迅速成长,拥有更加成熟的思想。

1949年5月9日,年仅26岁的兰尼埃继承外祖父路易二世之位,成为格里马尔迪家族的第30位继承人,摩纳哥的国家元首。执政伊始,这位年轻的君王便立志振兴摩纳哥,加速进入现代化,并在国际舞台上发出自己的声音。

因为年轻,兰尼埃的治国能力一度受到质疑,被认为"其权力源于世袭而不能代表能力"。但他没有被困难击倒,凭借早年的历练,游刃有余地处理繁琐复杂的国家事务,把一切打理得井井有条。很快,所有持异议的人们便缄默不语。

兰尼埃相信,大海是摩纳哥的未来。历史上,他是少数几个没有通过战争或侵略而成功扩展了疆域的君主之一。在他的统治下,摩纳哥开展了前所未有的建设,国土面积增加了五分之一;经济逐渐摆脱单一依靠博彩业的状况;引入F1赛车,承办各种国际会议及演出活动;开发高端旅游项目,提供游艇买卖等多项服务。

摩纳哥亲王兰尼埃三世

兰尼埃完成的大举措包括：

- 从20世纪50年代起，着手建设蒙特卡洛与大海的连接地带。
- 1965年，在悬崖和海岬之间的海岸线上获取了22万平方米的可建设用地，并建设了一个新的港口。
- 1984年，与法国确定摩纳哥所属水域的界限。
- 1999年，完成地下铁路的铺设。
- 2000年前夕，摩纳哥新火车站修建完毕。

一边发展经济、建设国家，一边努力赢得国际承认，这是兰尼埃执政之初的设想，他的确做到了。二战后，整个欧洲百废待兴，兰尼埃号召国民"我们的未来在于团结一致，共同捍卫民族独立、保卫国家主权"，不遗余力地进行各种外交尝试，使他的国家与各大邻国并驾齐驱。

1949年，摩纳哥加入世界教科文组织。一年后，成为国际刑事警察组织的成员国。1953年，国际红十字会接受了摩纳哥。1993年，摩纳哥加入联合国，标志着公国的历史翻开了新的一页。

■ 夺回查理山

1962年，摩纳哥制定了一系列优惠政策发展经济，触怒了当时的法国，在不卑不亢地进行了好几轮谈判、协商后，兰尼埃最终以自己的诚意和毫不退缩的勇气说服了法国，使得双方剑拔弩张的关系得以缓解。1966年，兰尼埃又对希腊船王奥纳西斯在摩纳哥的投资扩张果断地说"不"，从而维护了国家经济的稳定与安全。

> 如果要借钱，索性借多点。
> ——希腊船王奥纳西斯

"他是一个民族主义者，而且决策果断，不易改变。"媒体给予兰尼埃这样的评价。从与希腊船王的博弈中，可看出亲王过人的智慧与胆识。

由查理三世开创的蒙特卡洛模式，其中一项重要内容是成立公国占多数股份的SBM集团。此举虽能吸纳各方资金与人力、物力投入摩纳哥的建设，但却留下容易受人控制的隐患，最终演变成兰尼埃三世的一个难题：20世纪后半叶，希腊船王亚里士多德·奥纳西斯获得SBM集团的大额股份，成为摩纳哥经济的实际控制人，亲王被迫与这位亿万富翁平起平坐并受其控制。

希腊船王在摩纳哥地位的举足轻重，从当时的记者把蒙特卡洛称为"希腊山"（原本为"查理山"）中可见一斑。在公国发展问题上，兰尼埃三世和奥纳西斯经常针锋相对。亲王认为，国家的发展在于扩大顾客群，他不仅关注富豪，也希望吸引中产阶级和新的利润来源。希腊船王则希望公国继续成为乘坐私人飞机度假的富豪们的乐园，他认为，在鱼子酱和灌肠之间应有所取舍。

奥纳西斯信奉有钱能使鬼推磨，但他低估了兰尼埃的个性和魄力。亲王不喜欢受人摆布，不会与人分享权力，也不允许对手涉足公国事务，他将用行动证明：只有他，才是摩纳哥唯一的主人。

1966年，在没有任何征兆的情况下，摩纳哥新颁一条法律，宣布增加SBM集团的注册资本。奥纳西斯全力反对，但无果而终。摩纳哥政府遂以市场价格收购了该集团增发的60万新股，将希腊船王变为小股东。受挫的奥纳西斯决定撒手不干，将自己所有的股份卖给了摩纳哥政府，黯然离场。

■ 星梦奇缘

就算把好莱坞最顶级的编剧找来，也未必能写出摩纳哥亲王迎娶好莱坞影后这样的浪漫故事。谁都没有想到，1955年，在戛纳电影节上兰尼埃三世与格蕾丝·凯利的邂逅，会发展出童话般的一段姻缘。

从19世纪起，悬崖之国的亲王们就认识到，需要大做广告来推动公国的生意。不过，深谙传媒之道的格里马尔迪家族发现，媒体争抢独家新闻的好奇心往往难以驾驭。为了保护私人生活，摩纳哥王室对于过分猎奇的媒体发起过多少次法律诉讼，人们已经数不清了。

终其一生，兰尼埃三世对传媒保持着爱憎分明的态度。在重要场合（文化体育活动、王室成员的婚礼或洗礼等重要庆典），亲王总是能够利用媒体力量，树立国家和王室的形象。然而，当他认为媒体报道超越了警戒线时，又会第一个发起抨击。不过，对于和凯利的婚姻，兰尼埃似乎乐见全球媒体见证他们的爱情。

1956年一个美好的春日，古老的摩纳哥准备迎接它悠久历史上最浪漫的一刻。清晨，来自世界各地的记者将摩纳哥围得水泄不通，有人甚至乔装成神甫，以便靠近当日的主角。当日的嘉宾中，富豪明星远远多于王公贵胄。埃及国王法鲁克，名流杰克·华纳、让·考克多和爱娃·嘉德纳的出席，为这场盛典增加了人气。

穿着上校制服的兰尼埃气宇轩昂，凯利则被有蕾丝和珍珠点缀的真

1956年4月18日,兰尼埃三世与格蕾丝·凯利的婚礼

丝礼服映衬得明丽动人。他们头一天已在王宫举行了简短的仪式，当天来到摩纳哥圣尼古拉斯教堂开始由英法双语主持的正式婚礼，之后在王宫花园举办了六百人的午宴。

1500多名记者从不同角度现场报道了这场婚礼；3000万观众通过电视观看了长达三小时的典礼；来自米高梅公司的服装造型师为凯利设计了婚纱和发型，米高梅公司甚至还被允许拍摄一部关于这场婚礼的纪录片，使得这次王室联姻，显得更像一个传奇。

喜欢揶揄的希腊船王奥纳西斯或许要说，"只有亲王和玛丽莲·梦露或格蕾丝·凯利的婚姻，才能重振摩纳哥和它的旅游业"，不可否认，这段姻缘，或多或少转变了古老的格里马尔迪家族在人们心中略显保守的形象，格蕾丝·凯利的加入，使摩纳哥王室一举占领了时尚的高地。

■ 生命是一场盛宴

1929年11月12日，格蕾丝·帕特莉西亚·凯利出生在费城，她的父亲约翰·布兰登·凯利不但是一位在美国圆了淘金梦的富有的企业主，还是曾获得奥林匹克赛艇冠军的杰出运动员。

立志要当一名演员的格蕾丝在结束了纽约艺术专科学院的学习后，于1949年开始在百老汇登台演出。在好莱坞，她时髦而冷艳的金发美女形象令人印象深刻，深得阿尔弗雷德·希区柯克的赏识，成为希片中最具代表性的女演员。希区柯克称她是"唯一不需要化妆的演员；她使胶片辉煌夺目；在她柔弱的外表下蕴藏着火一样的热情"。1955年，格蕾丝凭

> 她是唯一不需要化妆的演员。
> ——希区柯克

借在《乡村姑娘》中的演出赢得奥斯卡金像奖。

凯利小姐最终成为王妃殿下，恐怕连希区柯克也未能预料这般令人难以置信的命运。与兰尼埃相遇时，格蕾丝正处于演艺生涯的巅峰状态。婚后，她淡出影坛，昔日的合作伙伴希区柯克送上这样的祝福："我很高兴格蕾丝·凯利为自己找到了一个好角色。"

孩提时代的格蕾丝就坚信，出生在一个优越的家庭，自己的义务多过权利。在成为王妃之前，她便已积极投身人道主义事业。从1958年起，兰尼埃任命格蕾丝担任摩纳哥红十字会主席，从此她开始投身慈善事业。此后，亲王甚至让王妃担任负责青年、卫生和社会团结事务的部长。

当世界另一端发生自然灾难时，格蕾丝为年轻女性设立了单独的避难所，为儿童建起家园和托儿所。她坚持亲自回复来自世界各地的信件。她创办了格蕾丝王妃基金，扶持刚刚开始演艺生涯的演员。她发起创办"玫瑰舞会"（每年以一个国家的一种玫瑰为主题），并将其打造为摩纳哥国际红十字慈善晚会外的第二个社交盛会。为了能将个人兴趣和公众事业相结合，她创立了园艺俱乐部和国际插花比赛。1977年，联合国表彰了格蕾丝王妃为解决全球饥荒问题所作的努力。

作为王妃，格蕾丝还要出席各种官方会议，经常陪同丈夫出访。20世纪50年代，格蕾丝被美国一家高级服装学院评选为全世界最高贵的女性之一。在任何场合，她的举止都无可挑剔，高雅而有魅力。她是悬崖之国的偶像，甚至获得了最佳外交官的提名。在格蕾丝王妃玫瑰花园内，至今仍有多达150个品种的四千株玫瑰，印衬着王妃的高贵、浪漫。

摩纳哥王妃格蕾丝·凯利

我不认为我比其他许多取得辉煌成就的人做得更好,我也不认为我会像其他伟大的电影明星一样永远被怀念,我只希望人们记住我,因为我是一个努力工作、善解人意的好人,一个受人尊敬的普通人。

——格蕾丝·凯利

> 您曾经是银幕王后,您也成为了最美丽的王妃。
> ——约翰·肯尼迪

或许是天妒红颜,1982年,好莱坞黄金时代的代表人物、欧洲最美丽的王妃,在里维埃拉遭遇车祸而香消玉殒。与其它命运多舛的名人一样,她的死成为众说纷纭的疑案。这一悲剧家喻户晓,好莱坞童话骤然破灭,再也看不到圆满的结局。

王妃的去世,对兰尼埃三世是一个沉重的打击。亲王表示,"她总是在我身边,不是和我一起处理各种事情,就是帮我做我无法做的事情,我们就像一个团队,无法分开。但现在,一切都改变了,这个团队已经破碎,不复存在了"。

"兰尼埃其实再也没有从王妃的死亡中解脱出来,"曾经撰写过亲王传记的法国作家菲利普·德洛梅说,"在他心中,没有人可以取代格蕾丝·凯利。"

■ 传奇谢幕

2005年4月6日,兰尼埃三世辞世,享年81岁。他是欧洲最年长、当今世界在位时间第二长的君主。在长达半个世纪的执政生涯里,兰尼埃三世使摩纳哥在世界舞台上熠熠生辉,他本人也深得国际社会的尊重与臣民的爱戴。

欧洲各国媒体纷纷就兰尼埃的逝世给予报道,人们以各种方式表达他们的哀思:法国总统希拉克表示,对兰尼埃亲王的逝世感到"非常悲伤",并赞扬了亲王面对病痛所表现的"勇气和坚韧";英国女王伊丽莎白二世、联合国秘书长科菲·安南均向格里马尔迪家族发去唁电。

> 这是摩纳哥美丽神话的最后章节……这一章节充满了忧伤和欣慰的复杂情感。神话在摩纳哥上演，又在这里谢幕。
> ——美联社

摩纳哥国务大臣帕特里克·勒克莱尔的一番话或许最能代表公国人民的心声："（在亲王逝去后）我们每个人都感觉像一名孤儿。在56年中，这个公国留下他深深的烙印。让我们对他回报以高贵、尊重和无限的敬意，他所做的工作得到世界的赞扬，让我们收获恩惠。"

最先夺取摩纳哥的弗朗西斯·格里马尔迪的雕塑，注视着七百年王室的遭遇。

> 我曾经是个十分害羞、内向的少年。我能摆脱这种性格,首先要归功于体育运动。
> ——阿尔贝二世

现代君王阿尔贝二世

2005年7月12日,时年47岁的阿尔贝王储登基,成为摩纳哥的新一任统治者——阿尔贝二世亲王。当天,在摩纳哥王宫前,阿尔贝在妹妹斯蒂芬妮公主的陪伴下向人们致意的画面,通过媒体镜头传遍了世界各地。

如何在完美无缺的父亲的影子下生活?有人或许无法承受压力,相信阿尔贝也会被这个问题困扰。他的施政体现了新老两代的区别。这位新君王以捍卫者的姿态保护着在他看来极为重要的领域:环境保护、政务透明、伦理道德,并以其理智、谨慎、勤奋,为公国带来"现代化"、"对话式"和"实事求是"的统治。

■ 从运动王子到环保亲王

阿尔贝二世,兰尼埃三世亲王之独子,1958年3月14日生于摩纳哥。他早年曾在美国和爱尔兰求学,先后获得美国马萨诸塞州阿姆赫斯特大学政治学学士学位和爱尔兰梅努斯教皇大学名誉哲学博士学位,通晓法语、英语、德语和意大利语。

阿尔贝不仅具备父亲的地中海血统,还继承了母亲的美国血统。和阿尔贝一世(曾参与北极探险)一样,他喜爱体育,热衷运动,早年就展现出在多项体育运动上的天赋,滑雪、游泳、击剑、帆船、手球、网球都是他十分喜欢的项目,柔道、网球、足球更是他的钟爱。年少时,王储还曾梦想成为一名职业足球运动员。

2007年，在钓鱼台国宾馆与阿尔贝相见

即便是与普通人相比，阿尔贝在运动领域的成就也是令人侧目的：

他是世界上第一位到达极地且担当国际奥委会成员的国家元首。

他是5届冬奥会高山滑雪金牌得主，曾先后5次代表摩纳公国参加奥运会雪橇项目的比赛。

他的工作获得国际奥委会的关注，运动王子的名声就此传开。自1994年以来，阿尔贝一直担任摩纳哥奥委会主席。1983年任摩纳哥游泳联合会主席，1984年任游艇俱乐部主席和田径委员会副主席，1996年任

> 当我们看到那片风景，那片冰雪覆盖的大海，不禁意识到，我们的星球是如此奇特多变。
> ——阿尔贝二世

亚特兰大奥运会协调委员会委员。

坊间流传的与阿尔贝有关的逸事，大都与体育相关。亲王的未婚妻沙琳 威特斯托克曾是南非家喻户晓的游泳健将，两人作为情侣的首次公开亮相，是在2006年都灵冬奥会的开幕式上。据说，在劳伦斯颁奖典礼前进行的劳伦斯挑战赛上，阿尔贝还亲自上场与小威切磋了一番。2002年，阿尔贝曾向普京挑战柔道，更是成为当时政坛的一段佳话。

成为摩纳哥亲王后，阿尔贝对于体育的关注和热爱不减当年。2007年4月对中国进行国事访问期间，他就曾对北京奥运会筹办工作的运行情况赞不绝口，表示"（鸟巢）这样神奇、壮观的建筑真是不可思议"、"2008年8月8日我一定来北京看奥运"。后来，他不但兑现了诺言，还在中国停留了数天，辗转北京、青岛、香港等地观看比赛。

从登上王位那一刻起，阿尔贝的个性与爱好注定与公国的利益联系起来。亲王似乎也明白这一点，并开始为自己树立特别的形象：一位关注全球核心问题，致力环境保护、生态农业的现代君王。他继位后最先实施的"政治"举措之一，就是延续阿尔贝一世考察北极的影响，沿着先辈的足迹出游。出发前，王室甚至组织了一场盛大的慈善晚宴，呼吁到场的富豪明星关注全球变暖问题。

经过艰苦的跋涉，继阿尔贝一世探索斯匹次卑根群岛百年之后，阿尔贝二世将摩纳哥的旗帜插在北极的冰天雪地中，成为第一位到达极地的国家元首。

应该说，阿尔贝二世并非冲在欧洲环保事业前线唯一的王室成员。

但他通过身体力行，在极短时间内，便走到了生态保护斗争的前列。探险北极的壮举，不仅向王室的祖先表示了敬意，更展示了摩纳哥新一代君王的胆识与魄力。

摩纳哥王室征服北极的图画

Part 2 看懂摩纳哥

悬崖之国
缔造赌城
贵族式的豪赌
免税天堂
阳台上看F1
百年饭店
酒与人生
味蕾上的地中海

悬崖之国

摩纳哥位于法国东南端,阿尔卑斯山脉探入地中海的一处800米长的鹤嘴形悬崖之上,因此又被称为悬崖之国。这里是欧洲西南角,背靠阿尔卑斯山,南临地中海,与法国、意大利接壤。

摩纳哥也是欧洲屈指可数的袖珍国之一,仅次于梵蒂冈,面积只有1.95平方公里,其中31公顷是填海造地而成;绿化面积则达42公顷,被称作"以鲜花筑起国界"。

摩纳哥不会让摄影爱好者失望,但它决不仅仅是一张漂亮的明信片。这里地形狭长,东西长约3公里,南北最窄处仅200米——这造成一个很有意思的奇观:在摩纳哥,你能一眼看到三个国家(摩纳哥、法国、意大利)的风光;坐着电梯就能出国。

在摩纳哥,你能体会到什么叫做"上天入地"。一方面,当地人通过填海造地,将国土面积扩大了20%,世界知名的格里马尔迪国际会议中心,就有一半是建在地中海里。另一方面,他们在山崖坡地上层层叠叠地建造起各类建筑,如运动场等公共设施不惜与法国"划疆而治"——一半建在摩纳哥,一半建在法国,比赛的时候,运动员就在两国之间来回奔走。

摩纳哥有着内涵丰富的"地底世界",地下修建了庞大的购物中心,火车穿行在山岩中。摩纳哥人曾形象地声称,摩纳哥的地面上有三万人,地下有三万个停车位。不同领域的知名企业往往聚集在著名大厦的不同楼层,这也成为公国的一大特色。

一个数字足以说明悬崖之国的寸土寸金。2007年,由国际著名房地

横跨法、摩两国的足球场

产咨询机构英国莱坊公司和花旗私人银行共同发布的"财富报告"显示，在被调查的全球众多大城市中，摩纳哥的房地产价位紧随伦敦，以平均每平方米47147美元的价位位居第二，远远高于排在第三位的纽约。

高楼林立的摩纳哥，如今已寸土寸金

缔造赌城

摩纳哥、拉斯维加斯和澳门是同负盛名的世界三大赌城。摩纳哥作为赌城的历史最为悠久。

始建于1863年的蒙特卡洛大赌场,占据了蒙特卡洛的中心位置,如今已成为摩纳哥的标志性建筑,游人如织,但最初这里并非风光无限。

历史退回到一百年前……

1861年,与法国签署了解决芒通和罗克布罗问题的合约后,摩纳哥获得了独立,以及统一两国海关、在公国境内修建铁路和公路的承诺,但国土面积缩减到原来的1/16。沦陷的历史、财政的困难、资源的匮乏使得这个初生的国家举步维艰。迫不得已,查理三世亲王下令放开在法国统治时期禁止的赌博业,作为在当时看来解决财政困难的最佳方式。

初建时期的赌场广场

036

皇家赌城 看懂摩纳哥

蒙特卡洛赌场广场的夜晚

第二部分 看懂摩纳哥

037 缔造赌城

图片里的"轮盘赌游戏"

与之配套的一系列城市化建设举措与经济革新计划,也相继出炉:

- 大刀阔斧地展开俯瞰海岸线的斯佩律格地区的城市化建设,组织大量舞会、音乐会,开办赌场、酒店、餐厅,开展如火如荼的广告宣传,大力发展旅游业。
- 让赌场与豪华度假区成为公国真正的首都,并给它起了一个响亮的名字——蒙特卡洛(原意为"查理山")。
- 施行颇具艺术性的政策——建设火车站、主教府,印制第一批摩纳哥邮票,举办歌剧演出,在国外设立公使馆,使城市规划、外交、文化和经济等领域齐头并进。

卡西诺大赌场(蒙特卡洛赌场的前身)正是在这样的背景下建成。但蒙特卡洛的发展并非一帆风顺,直到政府放开经营,私营资本介入,这座小城才真正赢来新生。

带来这转机的人名叫弗朗索瓦·布朗(François Blanc),1863年他来到蒙特卡洛,这位在汉堡发家,拥有超级玩家和亿万富翁双重身份的人斥重金(一百五十万金路易)买下了蒙特卡洛50年的经营权,还和同伴们成立了"蒙特卡洛海滩协会"来掌管全局,继而大手笔扩建了卡西诺大赌场,使之成为当时世界上最大的赌场。

在经商奇才弗朗索瓦的打理下,短短几年间,卡西诺的生意便由冷清转为红火。经过最初的犹豫之后,越来越多的游客开始涌向摩纳哥。这里气候温和、景色迷人,有设施完善的各类娱乐场所,更重要的是,她独立于法国,却很容易被法国人接受。渐渐的,摩纳哥开始具备大都

弗朗索瓦·布朗 蒙特卡洛及 SBM 集团的创建者之一。当他 1877 年 7 月去世时，他留下了 7200 万的财产和摩纳哥的一个新区：蒙特卡洛。

玛丽·布朗 弗朗索瓦·布朗的妻子，她因非常慷慨而受人好评。布朗夫人在布朗去世后的四年中管理公司，死后与丈夫一起葬于巴黎贝尔拉雪兹公墓。

第二部分 看懂摩纳哥

缔造赌城

载着顾客从赌场前往位于摩纳哥阿日耳山上的蒙特卡洛高尔夫球场的车辆。

赌场内飞转的轮盘

会的魅力。打着遮阳伞、身着蓬松长裙或礼服的人们在蒙特卡洛来来往往；香槟四溢，欢声笑语深夜可闻。摩纳哥逐渐摆脱财政上的危机。最盛时，博彩业进账占到全国收入的95%，并且带动了相关旅游业、服务业、金融业等的发展。

作为摩纳哥的灵魂，蒙特卡洛的经营方式，是公国历史上的一大创举。1863年，查理三世创建SBM滨海度假集团（摩纳哥公国为最大股东），负责整个蒙特卡洛的建设与维护，修缮豪华酒店、园林等，并承担公共服务事业的所有费用。——把城市建设与公民福利交由一个公司来完成，在这一点上，亲王超越了他的资本主义导师们。

查理三世无疑是摩纳哥历史上最伟大的亲王之一，他高瞻远瞩的孤注一掷为公国迎来了巨大的成功，蒙特卡洛模式及其声名甚至超过了摩纳哥。正是他带领欧洲棋盘上的无名小国摩纳哥，在20世纪走向了繁荣富庶。

历史上的赌场花园
赌场花园的整治是由玛丽·布朗决定的,由园林设计师爱德华·安德烈负责实施。

今天的赌场花园

第二部分 看懂摩纳哥

缔造赌城

> 蒙特卡洛荣华富贵的妆扮，连美国气魄庞大的拉斯维加斯也要鞠躬示敬，更不用说墨尔本、吉隆坡、澳门那些赌场了。全世界的赌场选老大，看来还是非蒙特卡洛莫属。
>
> ——余秋雨

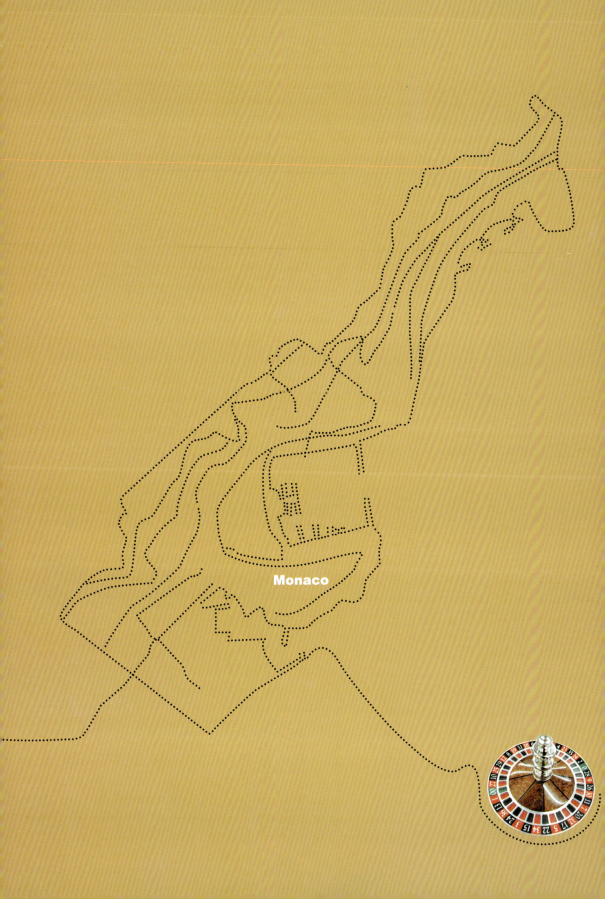

贵族式的豪赌

影片《007：皇家赌场》（Casino Royale）中上演的豪赌惊心动魄，这部好莱坞大片选择在摩纳哥取景拍摄，自有它的道理。要知道，去蒙特卡洛大赌场碰碰运气，是很多欧洲游客来摩纳哥最重要的理由。

运气之城

蒙特卡洛，摩纳哥公国第一大城市，与澳门、拉斯维加斯并称世界三大赌城。1863年，蒙特卡洛只是一片仅可种植橄榄和柠檬的贫瘠土地。但当拉斯维加斯还是一片荒漠的时候，蒙特卡洛已经是车水马龙的博彩重镇了。

欧洲的很多国家都严令禁止赌博。一百多年前，当摩纳哥亲王查理三世抓住这一契机，下令发展博彩业的时候，或许很多人都没有想到，摩纳哥的经济会借此走上腾飞之路。

蒙特卡洛是欧式赌场的发源地，这里的赌场在全世界赌戏业占据独特的地位。在摩纳哥，似乎随时随地都可以开赌。以蒙特卡洛大赌场（Casino de Monte-Carlo）为核心，相距不远的还有著名的太阳赌场（Sun Casino）和巴黎咖啡厅赌场（Casino du Café de Paris）。每家赌场的装饰、风格、氛围以及赌戏各不相同，三者形成互补，玩家可以最低0.1欧元的赌注一试身手。在蒙特卡洛爵士音乐节期间，一些音乐会甚至会在如上三家赌场的大厅内举行。

此外,摩纳哥的几乎每个饭店内部也有自己的赌场,大小不一,风格各异,所有赌戏,从最简单到最复杂的玩法应有尽有。据说这里的工作人员均接受过摩纳哥赌台管理员学校的专业培训。为方便客人借贷,赌场还拥有独立的金融机构。

小说《情系蒙特卡洛》这样刻画赌客的心理:

在现实生活中,真正的玩家大概也如此吧,怕什么!来这

太阳赌场

蒙特卡洛赌场

里赌,谁在乎输赢?也许这样更能显示一个人的财力,富翁们要追求的或许就是别人咂舌之间虚荣心的满足。即便是输了,也会哈哈大笑,赢了自然会开香槟庆祝一番,拿着赢来的钱和朋友出去大肆挥霍一番。

相信每一个体验者都无法忘记赌博带来的刺激。试试运气好了,就当是消磨时光,或许还有意外的惊喜呢——大概很多人都作如是想,因此在摩纳哥,无论白天黑夜,最热闹的地方永远是赌场。

当然,也会有人赌到失去理智,输得一败涂地。手气如神的赌王查尔斯·维尔斯的故事就是一例。

维尔斯的手气极旺,每次赌都能把一个赌台上允许付的最高赢额全部赢走,第一次他赢了一百万金路易,第二次他又赢了很多,第三次他赢了三百万金路易。一夜暴富使他失去了理智,在别人称赞他是赌王时,他也一度相信自己逢赌必赢,甚至有些飘飘然了。然而,物极必反,当维尔斯几个月后回到赌场准备大赢一番时,没想到运势急剧而下,逢赌必赢成了逢赌必输,而且还输得一塌糊涂,输掉了自尊和自信,最后落了一个倾家荡产,被关进监狱的结局。

虽说在赌场上谁都想赢,可是对普通人而言,在赌桌前消遣一番,比幻想一夜暴富来得实在。日进千金或倾家荡产的故事毕竟只是少数人演绎的传奇,赌博的最高境界就是输赢不惊。

要论输赢,深谙博彩之道的摩纳哥人最有资格回答这个问题。你能想到吗?摩纳哥法律严禁本国公民参与赌博,即使是王公大臣也不行。

←巴黎咖啡厅赌场（左）紧邻蒙特卡洛赌场

因此在蒙特卡洛，一掷千金的永远只是外来客。当人们从四面八方赶来，在赌台前放下各自的筹码时，谁是最后的赢家，早已不言而喻。

赌场探秘

一排排的法拉利、卡迪拉克、劳斯莱斯安静地停泊在鲜花丛中，主人们消失在那座宫殿式的建筑里。宫殿式的赌场就像一个大剧院，它的设计师加尼埃的另一代表作是巴黎歌剧院。豪华宫殿里的一张张赌台上，天天上演着"豪门恩怨"……

每天的下午两点（周末是中午十二点），蒙特卡洛大赌场迎来当天的第一拨客人。人们需衣着正式，且持有身份证明才能进入。未成年人则被拒之门外。

这是一幢典型巴洛克风格的建筑，背靠蔚蓝色的地中海，正对着美丽的赌场广场。赌场中庭由大理石铺成，周围矗立着28根缟玛瑙做成的立柱。左侧沿街的商铺外，辟出一处露天咖啡馆，这里总是人满为患，在此歇脚、喝咖啡，不啻占据了一个绝佳的"观景台"；右侧则是享有盛名的巴黎大饭店。广场中心有一个漂亮的花园。环绕赌场的露天停车场堪称一个名车的大秀场。有兴趣的朋友能在这里找到各种稀奇古怪的车型和奢华的限量版车款。

来到摩纳哥，如果不到赌场里转一转，就不会了解蒙特卡洛式生活

美丽的 Atrium 门厅

的惊心动魄。以前我只在接待国内来访的代表团时，陪同他们去赌场中作走马观花式的体验，这次重访摩纳哥，我特意拜托 SBM 集团的朋友为我们安排了一位向导。

上午十点，在蒙特卡洛大赌场一层入口处，美丽干练的拉斐尔女士如约出现在我们面前。之所以选在这个时点，是因为赌场到下午两点才开门营业，此时正是内部修整的时间，我们的参观不会受到干扰。感谢 SBM 集团的细心与善意，我知道，这样的"破例"是非常难得的。

蒙特卡洛大赌场始建于 1863 年，后于 1878 年拆毁。

一个多世纪以来，天才的建筑设计师们在这里尽情挥洒自己的创意与灵感，在不同的历史时期，赋予这幢建筑不同的魅力：杜鲁特（Jules Dutrou）设计了美丽的 Atrium 门厅，28 根仿大理石巨柱支撑着用青铜雕像装饰的长廊。1881 年，夏尔·加尼埃（Charles Garnier）建造了现

赌场外豪奢的名车

一百多年前的赌场正面

蒙特卡洛赌场内的施密特大厅。

在的美洲厅。1889 年，Touzet 装修了两间被彩绘玻璃窗和布景分隔开来的大厅，用不同的布景分别展示不同的主题。施密特则于 1898 年设计建造了施密特大厅（原摩尔人大厅），室内最突出的设计便是依托于巨型女像柱的照明设施。我在比较后发现，虽然经过了无数次重修，前后有不同的设计师主持，如今赌场的各个门厅，看起来非常和谐，并未给人割裂、突兀的感觉。

在众多设计师中，夏尔·加尼埃无疑是其中的翘楚，这位因成功设计巴黎歌剧院而闻名于世的建筑大师，在深入研究了蒙特卡洛的历史和博彩业的发展之后，创作灵感再一次被激发，他与六百名工匠和艺术家日夜工作，在短短六个月内便完成了整座赌场的设计与重建。不可否认，由于出自同一位设计师之手，蒙特卡洛赌场和巴黎歌剧院存在某些神似之处，因此也有人说，第一眼看到它，还以为是来到了巴黎歌剧院门前。

联想到蒙特卡洛赌场一个多世纪的历史积淀、高雅华贵的室内装潢，以及在世界赌场中的地位，若将其作为一个赌戏博物馆来参观，也是不错的。似乎是为了渲染其悠久的历史，在赌场一层大厅入口处，门厅左侧的橱窗内展示着蒙特卡洛发展史上不同时期使用过的各类角子机（老虎机），几乎囊括了所有的型号和款式。

没有一个赌城少得了角子机。人们只需将角子（硬币）投入机器，就会随机出现不同的图案，待停定时如果出现符合相同或特定相同图案连线者，则依其赔率胜出。蒙特卡洛赌场一层设有专门的角子机室，此刻一排排色彩缤纷的机器安静地立在那里，不过到了晚上，几百台角子机旋转、停止、掉出硬币的声音，相信会成为赌场中最经典的背景音乐。

在欧洲厅，穹顶上巨大的水晶吊灯令欧式的典雅氤氲而生。这里的每一个水晶吊灯都重达150公斤。历史上，美丽的奥特罗小姐（La Belle Otero）、英国首相丘吉尔曾光顾这里。欧洲厅除了平日作为赌场使用，还扮演着另一个角色——小型音乐厅。一些外国交响乐团来到摩纳哥巡演，通常会在这里举办小型的演奏会。

侦探推理小说女王阿加莎·克里斯蒂在《东方快车谋杀案》中营造

赌场里陈列着不同时代的老虎机

美洲厅

出一个悬念迭出的惊悚世界,没想到,虚构世界里的豪华列车,在现实生活中被还原出来。欧洲厅内,临窗的位置别具匠心辟出一家"蓝色列车"餐厅。它正是仿照"东方快车"的餐厅风格建造的。用侦探小说中的场景渲染赌博的悬念、刺激,不得不让人折服于设计师的奇思妙想。

赌场内部,还辟有贵宾厅,以及特殊的豪赌室。感觉不过瘾的赌客,再花10欧元便可进入贵宾厅。贵宾厅不仅装潢更精美、空间更开阔,大

欧洲厅

输赢不惊

美洲厅

厅中部还有一部宽敞的老式电梯。拉斐尔告诉我们,"当年的贵夫人都穿下摆很蓬松的裙子,因此电梯特意设计得很宽敞。"来此赌玩的人们如果感到疲倦,可以直接乘坐电梯到地下一层观看各种演出,也可以在休息区域用餐。

在豪赌室里展开的,则是常人难以想象的勇气、智慧与财力的"血拼"。据说,每到夜幕降临,二十平米左右的各个房间里,便开始上演惊心动魄的游戏。绚丽的壁画把春天的温暖注入室内,厚重的丝绒落地窗帘与包金的石膏花纹又带着几分冷峻与严肃的气息,合上窗帷,便不知"今夕何夕"……从日落到日出,巨额赌资顷刻间易主,"哗哗"翻动的一堆堆筹码，与镇静的面孔下狂热的心跳一起，见证着豪赌的刺激。

  值得一提的是，蒙特卡洛大赌场自 1863 年启用至今的百余年间，从未关门营业。2010 年，SBM 集团斥资四千万欧元对赌场进行了大规模的改造，旨在保留赌场华丽的装饰和历史意义，并提供更为现代化的服务。可以想见，今天的大赌场迎来的是比任何时期都要国际化的客人，他们的财富将与蒙特卡洛大赌场的神话互相碰撞，并将不断改写这段神话。

蓝色列车餐厅

免税天堂

摩纳哥"免税天堂"的美名,始于查理三世时期。1869年,一道赦令宣布取消土地税、个人所得税、动产税和营业税,从此摩纳哥以免征"几乎所有直接税收"而闻名。但法国与摩纳哥签定的税收公约限制了这一赦令的应用范围,以免法国资本流向悬崖之国。因此,所有无法证明在1862年10月13日前在摩纳哥已居住五年的法国侨民,依然要按照法国法律缴税,和他们在法国居住无异。

不过,这条公约只针对法国,谁也无法阻止英国人、奥地利人、德国人或比利时人来到摩纳哥,享受这里的好天气和商业环境。税收政策对这个国家声誉的影响力,甚至超过其文化活动及王室婚姻,在本国面临税收问题的各界明星(包括天才运动员如赛车手迈克尔·舒马赫、网球手贾斯汀·海宁)纷至沓来。

免税优惠政策还帮助创造了良好的经济环境。在第三产业中,金融业的增长速度很快。目前,摩纳哥的银行业务直逼瑞士,位居世界银行的前列。在1.95平方公里的土地上,有近50家银行、70多个营业点、3个代表处。除本国19家银行外,许多世界著名的银行都在此设有分支机构,在摩纳哥的金融机构现已多达70余家。目前,公国的年经济总收入达一百零九亿欧元,多元化的经济为居民提供了43775个工作机会,还不包括志愿工作者。

"摩纳哥的好处就在于,在这个小地方,你不用大费周章就能见到重要人物。"在巴黎咖啡馆的午后阳光下,蒙特卡洛银行家Francesco Bongiovanni懒洋洋地说。这位繁忙的企业家发现自己只有在摩纳哥才

> 什么是摩纳哥的法宝？就是善于和媒体周旋的王室、豪华旅店、灿烂的阳光……还有诱人的税收制度。
> ——约·达森

能找到这样身心疏放的时刻，因此在此一住就是十年。

"除了摩纳哥，我想不到哪里可以让你在同一天内做山顶滑雪和游艇出海两件事。"Francesco 属于对蒙特卡洛的休闲生活上瘾的人，"这里的天气、环境都很好，你有很多事情可做。有欧洲最优秀的芭蕾学校、最棒的国际学校可以读书，有生意可做，还有私人银行提供服务。"

都说中国人的足迹遍天下，1.95 平方公里的摩纳哥，也有不少东方面孔。华裔在此经商的、工作的、求学的，不乏其数。

奥德玛夫人是我所知道的唯一拥有摩纳哥国籍的华裔。她原本是个地道的中国人，中文名字叫林红梅，16 岁离开上海，先在香港，后来辗转来到摩纳哥，认识了奥德玛先生并相爱结婚。奥德玛是摩纳哥王宫卫队的侍从官，两人婚后定居在摩纳哥工作、生活达四十余年。奥德玛夫人的摩纳哥国籍是兰尼埃三世亲王亲自批准的，到目前为止仅此一例。（在摩纳哥现有的 32020 人口中，计有 112 个国籍，其中拥有摩纳哥籍的居民，只有 6089 个。）

我认识奥德玛夫人时，她已经七十高龄了，上海话还会讲几句，普通话全忘光了。虽然对故乡的记忆已经模糊，但在她家中，摆满了各种与中国有关的器物：中国结、折扇、红木家具、介绍中国的图书……其中也有不少是历任总领馆的工作人员送来的礼物。我回国工作后，他们还曾特意打电话给我，再三嘱咐我再来时带一点祖国的东西给她，哪怕是一把黄土、一瓶空气。那一刻我很感动，无论时空怎样变换，有些东西是不会改变的。

1999年，阿尔贝王储应胡锦涛副主席邀请访华，我和摩纳哥王室的新闻专员尼古拉成了朋友，每次到摩纳哥，只要有时间我都会去拜访他。在那次我还结识了阿尔贝王储的随从副官菲利伯纳。有关拜会阿尔贝的事项，我都会提前和菲利伯纳沟通，每次他都会热情地予以安排。

与他们相比，另一位摩纳哥朋友的中国情谊，则让人非常感动。克里斯蒂安原本是摩纳哥的生意人，但在接触中国，尤其是中国文化以后，便深深爱上了这个东方的文明古国。后来，他创建了摩中友好协会，并担任协会主席。克里斯蒂安的一条腿有残疾，行动起来颇有不变，每当看到他一瘸一拐地为摩中友好而奔走，我们格外感动。1999年是春节，我们和摩纳哥一百多中国留学生还有克里斯蒂安一起度过，他和孩子们一起煮水饺、收看中央电视台的春节联欢晚会，还安排了一场规模不大的中国传统舞龙、舞狮表演。

赌场广场上的露天咖啡馆

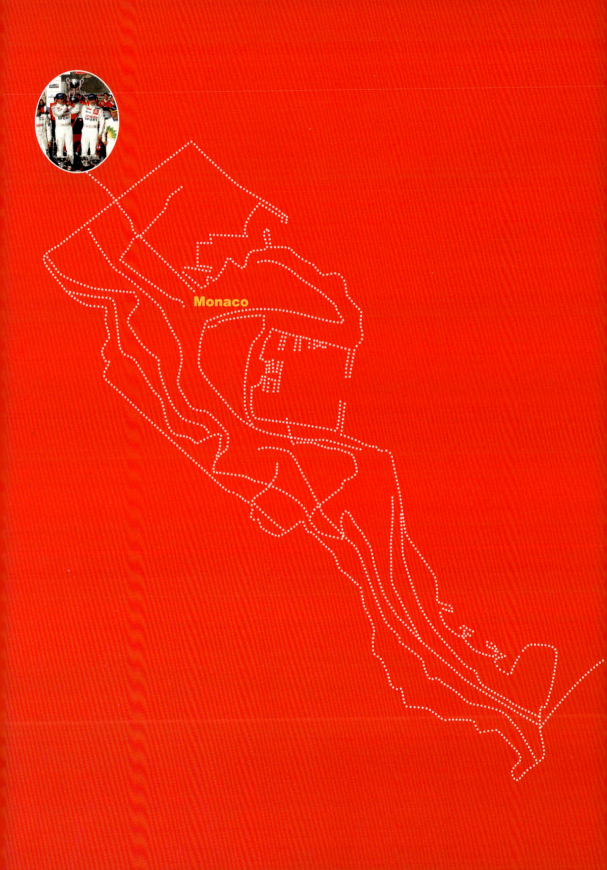

这是一条一点错误都不能有的赛道。
——迈克尔·舒马赫

阳台上看F1

每年的 6 月至 9 月，当蔚蓝的地中海泛起金色的波光，整个欧洲进入度假休闲的黄金时段。从法国戛纳、尼斯，一直延伸到摩纳哥的"蔚蓝海岸"风光带上，能见到各种肤色的游客在海边沙滩上晒太阳。

在很多旅行团的日程表里，摩纳哥是"蔚蓝海岸"之行的最后一站。这里一年有 300 天阳光普照，年均气温 16 摄氏度，气候非常舒适。再加上蓝天碧海和金色的沙滩，很久以前摩纳哥就有"欧洲后花园"的美誉。

蒙特卡洛既是摩纳哥的核心地带，也是公国着力打造的黄金品牌。蒙特卡洛式生活，离不开赛车、赌场、酒店，还有地中海风味的法式大餐。这座小城将激情、速度与平和、慵懒奇妙地融合在一起，在冰火两重天之间给摩纳哥打上百变的标签。

在公国狭窄的街道上举办国际汽车大奖赛，这个似乎有些疯狂的计划，催生出 F1 赛车史上最富盛名的光环——摩纳哥大奖赛。在四周或是房屋或是悬崖的曲折路面上风驰电掣，观众近在咫尺的呐喊让空气灼烧，局促多弯的街道赛道，使每一次超车、换档都变得异常困难……所有这些刺激和挑战，让摩纳哥大奖赛成为 F1 赛车史上最受觊觎的一站。

第二部分 看懂摩纳哥

平日的城市公路，比赛时成为惊心动魄的赛场

20世纪20年代末,悬崖之国的风景长廊已经建成,摩纳哥人意识到,在公国推出一个国际性汽车大奖赛,能推进旅游业的发展,并把摩纳哥的名声传播到国界以外的地方。而汽车大奖赛反映了技术的进步,符合当时人们对汽车的热爱,也有助于树立一个现代化国家的形象。

1929年2月14日13点30分,第一届摩纳哥国际汽车大奖赛的发令枪声响起。比赛开始前,摩纳哥亲王路易二世郑重其事地乘坐一辆汰新恩汽车,绕赛道一周。在那届比赛中,威廉姆斯驾驶布加迪35B型赛车,以80.194公里的惊人时速绕赛道一百圈(总里程318公里),技压群雄,夺得冠军。

不久,摩纳哥便与美国印地安那波利斯、法国勒芒、德国纽布格林一样,成为全球赛车手不容错过的赛场。蒙特卡洛赛道是世界上最著名的"四大赛道"之一,而难度是世界之最。

最危险的赛道

与奥运会、世界杯足球赛并称为"世界三大体育"的F1,是当今世界最高水平的赛车比赛,也是世界上最昂贵、速度最快、科技含量最高的运动项目。1950年,摩纳哥正式成为F1中的一站,其独一无二、极具危险与挑战性的赛道,一直为世人侧目。

蒙特卡洛赛道全长只有3.0340公里,是所有F1赛道中最短的一条,

> 参加F1摩纳哥大奖赛，就像在卧室里开直升机一样充满挑战。
>
> ——F1赛车手

甚至比奥地利大奖赛的A1赛道还要短0.986公里，赛车选手们要78次穿越狭窄弯曲的赛道才能最终完成比赛。

蒙特卡洛赛道有着F1赛道中最慢的弯角和唯一的隧道。赛道从海边绕到位于山顶的赌场，再直转而下折回海边，其间要穿越赌场坡赛道（离观众最近）、隧道赛道等。因弯道多、路面狭窄，在单圈赛车速度上比在其他赛道的速度平均慢了8秒之多。赛道之短、速度之慢可谓F1赛车史上绝无仅有。

似乎是为了将比赛的难度推到极限，勇士们在起跑时，就存在巨大的危险性：蒙特卡洛赛道的起跑点设在一个右弧度的加速路段上，因此排在后方的车手看不到前排的车手，这使得每位赛车手都必须时刻集中精神。又因为在局促的赛道上很难超车，抢占发车位置变得异常关键。在排位赛中，车手对车距的掌控甚至精确到几毫米。"只要注意力下降百分之一，就会发生事故。"

经受了最初的考验只算有了个不错的开局。在接下来的赛程中，车速快时能达到270公里，慢时却只有40公里。驾车行驶在狭窄弯曲的街道上，一场比赛下来车手平均要换档3000多次，时刻考验着赛车的刹车系统和车手对赛车的控制。

狭窄、多弯、超车困难……在暗藏杀机的路面上，车手必须将每一次的启动、加速、小直段、减速都演绎到近乎完美。赛道的难度使蒙特卡洛成为全世界事故发生最频繁的赛车场之一，这里经常出现只有几辆赛车完成比赛的情况，多名赛车手中途退出比赛的情况屡见不鲜。

赛道中著名的"发夹弯"

在1950年的比赛中，第一圈刚刚开始便发生了10辆赛车连环相撞的事件。20世纪60年代，曾经有两年能跑完全程的不足6人。2000年的比赛中，只有8辆赛车跑完全程。

历史上，能在蒙特卡洛赛道上不出任何事故地跑完全程的车手不多，能取得好成绩的人更是微乎其微。有史以来最伟大的赛车手舒马赫1999年在此拿冠军时的平均时速仅为147.354公里，而他，在其职业生涯中，也有三次没能跑完全程。

值得一提的是，蒙特卡洛赛道是F1赛车史上最古老的赛道之一，半个世纪以来，它的模样几乎没有改变过。平时它就是城市的交通干道，赛前一个月在道路两旁安装好移动护栏，就能立刻变身为赛车跑道。

尽管线路设计屡遭批评，车手对赛道的评价也是爱恨参半，蒙特卡洛赛道依然是最具挑战性的赛道之一，没有一站大奖赛能有摩纳哥这样的声誉，它是真正勇士的试金石。在这里，演绎了无数的惊心动魄，也成就了塞纳、舒马赫、蒙托亚等数名赛车英雄。

在摩纳哥F1赛车史上，最成功的要数塞纳。这位F1车坛的"车神"，在其职业生涯中一共参加了161场大奖赛，获得了41次冠军、65次排头位、三次F1年度总冠军……他曾在蒙特卡洛赛道上六次取得冠军，并创下了在同一分站取胜最多的纪录。

舒马赫是从这里走出的又一个"名字可以与F1画等号的赛车手"，他在摩纳哥也曾创下过五次胜利的纪录，成绩直逼塞纳。

对于库特哈德来说，摩纳哥更是他的福地。这位苏格兰老将在定居

在摩纳哥登上最高领奖台的F1冠军

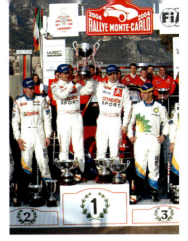

2004年拉力赛冠军

摩纳哥之前，虽然车技高超却成绩平平，其职业生涯的转折发生在1996年获得摩纳哥站亚军之后。

此外，莱科宁在这里抵达巅峰；英国超级新秀汉密尔顿在这里将遗憾抛至脑后；两度荣膺世界冠军的阿隆索在这里光芒四射……几十年间，赛车史上的传奇人物接二连三地在摩纳哥登上至高的领奖台，公国也因举办F1赛事而成功吸引了全世界的目光。

去摩纳哥看比赛

马可·佩奇尼尼（Marco Piccinini）于2010年3月出任摩纳哥公国驻华大使，他曾在1977—1988年间担任法拉利F1车队经理，曾是法拉利董事会成员。对于在摩纳哥举办的F1赛事，佩奇尼尼印象最深刻的是"看着赛车以700迈的速度风驰电掣般穿过赌场广场，而数米之外，在巴黎大饭店的阳台上，名流们在细细地品味着香槟"。

当被问到在摩纳哥的最佳观赛点时，佩奇尼尼回答："首先当然是最具传奇色彩的拉斯卡塞角（Rascasse），赛事终点近在眼前，很多时候就是在这最后几米决出胜负的。就最佳观看点来讲，当属巴黎大饭店或赫塔米日大饭店新修的阳台，在舒适的环境里看着刺激的赛事，可谓一种难忘的经历。当然，如果想真正进入赛车的心脏地带，就在拉斯卡塞酒吧预定一张桌子吧！"

074

皇家赌城　看懂摩纳哥

经典老爷车荟萃的"历史大奖赛"

占据最佳观赛点的代价同样不菲。要想在巴黎大饭店一层的露天阳台上享用一顿早点，至少要花掉200欧元。围栏之外，就是F1赛车的起跑线。但这并不能阻止全世界的车迷在每年5月的这四天里涌进摩纳哥争抢看台。甚至早在半年之前，蒙特卡洛赛道沿线的各式看台就被预订一空。街道、山顶、写字楼、饭店……数万车迷们不会放过任何靠近赛道的地点。比较而言，当地居民则占尽地利之便。蒙特卡洛沿街的住宅楼内，人们安坐自家阳台上，就可以观看比赛。

当一辆辆赛车轰鸣着冲出起跑线，这座古老的城市立刻沸腾起来。飞驰在街道上的赛车，发出野兽般的咆哮。赛道两旁站满了车迷，宾馆、写字楼、居民楼的阳台上也挤满了看客，人们舞动着彩旗，高声呼喊着勇士的名字，为擦身而过的车手呐喊,借助摄像机镜头追逐着勇士们经过一个又一个弯角,超越一个又一个对手。

摩纳哥居民对赛车的喜爱,与摩纳哥元首对体育竞技的青睐与支持分不开。当年,兰尼埃三世本人就是一名狂热的赛车爱好者,对于这项极富冒险、挑战和刺激性的比赛,兰尼埃一直热情不减。正是他一手扶持并推动了1950年F1大奖赛的回归,促使在摩纳哥举办的国际汽车大奖赛成为世界顶级赛事。

比赛之外,摩纳哥大奖赛还是富豪名流的社交盛会,可谓F1的豪华橱窗。在这里,你能同时看到冒险王子和真正的王子。全世界最富有的

海港里密集的游艇

摩纳哥也是帆船运动的天堂

车迷会驾着游艇来亲眼目睹世界上最昂贵的车赛。大牌车队、厂商、赞助商等云集摩纳哥。公国元首亲临现场,明星们争奇斗艳。摩纳哥的街道成了露天汽车展会,地中海上最豪华的游艇,就像廉价的沙丁鱼一样堆积在港口。

每隔一年,在F1大奖赛之前,还会举行摩纳哥"历史大奖赛",这是全世界唯一的曾经获奖老爷车的比赛。前来参赛的各式老爷车光怪陆离,为接下来激烈的F1比赛增加了几分浪漫、轻松的色彩。

摩纳哥网球大师杯赛

除了享誉世界的F1，摩纳哥还有其他吸引世界目光的顶级赛事。阿尔贝亲王本人极具运动天赋，在他的推动下，摩纳哥在世界体育中的地位还在不断提升。

摩纳哥网球大师赛，是仅次于法国网球大师杯赛的著名红土赛事，在法网拉开战幕之前，顶尖的高手尤其喜欢在这里备战热身。

欧洲人对田径非常热爱，摩纳哥人也同样如此，摩纳哥田径大奖赛和马拉松赛就如同当地人的节日。

马拉松赛

落日下的挥杆

作为全世界富豪的集散之地,摩纳哥也毫不意外地成为世界高尔夫运动的中心之一。经过一百多年的精心雕琢,这里拥有欧洲最美丽的可以眺望海景的高尔夫球场。

海滨高尔夫球场

百年饭店

始于1864

在 SBM 集团的宣传手册上,有关巴黎大饭店的部分,以"步入巴黎大饭店,步入神话"为题,开场白是这样的:

> 如今还能有多少顶级奢华酒店敢标榜自己拥有一个多世纪的悠久历史,并且一如既往仍旧吸引着欧洲王公贵族以及世界名流驻足停留、流连忘返?我们不得而知。但是,如果这样的饭店仅剩一家,则非蒙特卡洛巴黎大饭店莫属。

巴黎大饭店的图纸是由建筑师戈蒂诺在1859年设计的。真正奠基是在1862年。1864年1月1日,在弗朗索瓦·布朗的推动下,饭店开业。

巴黎大饭店与蒙特卡罗赌场成九十度角交错而立

百年饭店同样流光溢彩

巴黎大饭店接待大厅之今与昔

寥寥数语，让人浮想联翩。以我的观感，单就舒适与豪华程度而言，后来者要想复制、超越巴黎大饭店，并不算难。成其盛名的关键，是它紧临蒙特卡洛大赌场的黄金位置，以及长达一个半世纪丰厚的历史积淀。

建于1863年的蒙特卡洛大赌场，在SBM集团和商业奇才弗朗索瓦·布朗的联手打理下，逐渐吸引来大量游客，蒙特卡洛日渐繁华。短短几年内，赌场周围便建起各种豪华饭店，供客人住宿。弗朗索瓦·布朗敏锐地捕捉到新的商机，决定在离赌场只有几步距离的地方，建造一家集奢华、舒适、美食为一体，独一无二的大饭店。

1864年1月14日，由设计师杜鲁特以巴黎卡普希大街（Boulevard des Capucines）的巴黎大饭店为参照设计的摩纳哥巴黎大饭店正式完工。宏伟的建筑、奢华的装饰，与富丽堂皇的蒙特卡洛大赌场相映生辉，且与赌场成九十度角交错而立，占尽地利之便。弗朗索瓦·布朗亲自为饭店命名，并用烫金字在饭店正门上方的黑色大理石上刻下了"Hotel de Paris"（巴黎大饭店）。当晚5点半，50名客人以每人5法郎的价格在饭店用餐。当时的包餐房价是每日15～25法郎。

对于这座饭店，时人有这样的描写：

玛丽前往巴黎，用二十万法郎购买最精美的家具，用三万法郎购置最昂贵的银餐具。巴黎大饭店成了世界精品荟萃之地……一天下午，当卡洛琳女公爵前来饮茶时，她惊呆了，长时间沉默不语，最后她说道："我必须向你们承认，我在欧洲认识的公爵们，他们中只有少数人能自诩有一座比这座饭店更为

巴黎大饭店的翻修完成于1910年。入口保留原样，内部由建筑师爱德华·尼尔曼负责彻底重修。

舒适、华贵的宫殿……

仅在当年 3 月，巴黎大饭店已门庭若市。1868 年直通摩纳哥公国的铁路开通之后，越来越多的王公贵族、商贾名流及游客来到这里。1876 年 1 月，弗朗索瓦·布朗与法国政府谈判并达成协议，一辆豪华专列将摩纳哥与蔚蓝海岸各大城市连接起来：上午 10 点离开戛纳的游客，11 点半就可以到达蒙特卡洛，正好赶上在巴黎大饭店享用午餐。

到 1881 年时，巴黎大饭店已经享誉世界。经常举办的舞会晚宴使得每日的食品消费量令人难以置信。一位《社交生活》杂志的记者曾做

巴黎大饭店餐厅于 1864 年 1 月 1 日启用，当时还是用煤气灯照明。

> （巴黎大饭店）要超越目前所有最棒的酒店，甚至巴黎豪华的卢浮宫饭店和巴黎大酒店。我希望人们像谈论一个奇迹那样评价摩纳哥的饭店，并且以此作为最好的广告。
> ——弗朗索瓦·布朗

摩尔人游戏大厅（现在的欧洲沙龙）

过调查：饭店每天要消耗 700 公斤牛肉，200 只鸡，150 只野味，14 只羊，150 打牡蛎，1400 瓶葡萄酒和利口酒。

随着时间的推移，每年数以万计的客人涌进蒙特卡洛，一度十分宽敞的饭店变得拥挤起来，饭店当时的 100 家客房甚至需要提前几个月预订。为了满足更多客人的要求，先后经过七次扩建，巴黎大饭店才有了现在的面貌，拥有 187 间客房，包括 75 间套房和小套房。

名流荟萃

能够吸引社会名流光顾，是高品质酒店的时尚标签。巴黎大饭店也

卡罗琳公主 她说服自己的儿子查理三世王子建立了与服务外国人的游戏俱乐部配套的海滨浴场。

不例外，自开业以来，它成为公国社交的一个华丽舞台，见证了很多名人与摩纳哥的因缘。

1966年，蒙特卡洛百年纪念活动之际，一场名为"第二帝国盛宴"的大型化妆舞会在大剧院和露台上举办。

从套房内可眺望蒙特卡洛赌场

摩纳哥亲王与王子曾在这里会晤刚刚离任的美国总统格兰特将军，接见来自中国的大臣和沙俄的大公爵；雅克·奥芬巴赫、威尔第、于勒·凡尔纳等名人极其喜爱饭店内超大分量的美食。

一战和二战期间，巴黎大饭店成为政治避难者的宁静港湾。战争结束后，饭店重新开始接待世界名人，英国的温莎公爵夫妇、爱丁堡公爵、丘吉尔首相等名人相继入住。

1952年，几乎所有的好莱坞名流聚集在巴黎大饭店的帝国大厅，参加影星艾罗·弗兰（Errol Flynn）的婚礼。同年，希腊船王奥纳西斯将其石油公司办公室设在摩纳哥，后一度成为SBM集团的第一大股东。

1956年4月19日，兰尼埃和格蕾丝·凯利在巴黎大饭店举办盛大婚礼。20年后，他们也同样在这里以及饭店酒窖举行了结婚周年庆典。

1960年，巴黎大饭店举办晚宴，庆祝饭店的第一位客人——尼古拉耶夫（Nicolaieff）将军的百年诞辰。

1974年，各国王室成员齐聚巴黎大饭店，庆祝兰尼埃亲王登基25周年；与此同时，摩纳哥王室继承人——年轻的阿尔贝王子第一次正式露面。

值得一提的是，巴黎大饭店最顶层至今仍保留着英国前首相温斯顿·丘吉尔爵士曾经住过的房间。这个210平方米的套房保留着丘吉尔生前住在饭店时的一切物品：书架、壁炉、书籍、照片、香槟酒架，等等。房间内拥有私密通道，若有需要，可立刻拆分成两个独立套房。这里配有设计独特的超大浴室，浴室中央有一个环形旋水按摩浴缸，所有遥控装置（电视，音响，窗帘，灯光，温度调节器……）均内嵌在浴缸中，

丘吉尔套房外墙上的签名　　从门口望向丘吉尔套房　　　　　　丘吉尔套房的书房

第二部分　看懂摩纳哥

089

百年饭店

丘吉尔套房里的浴室

浴缸上方则悬挂着博纳尔的巨幅油画《浴女》。隔壁房间内配有装饰着首相生前最喜爱的麦浪、虞美人花和蓝天等图案的地毯。精美的细木护壁板装修的卧房既舒适又富有艺术气息，隔壁则是顶部绘有西斯廷教堂风格壁画的化妆间。

低调的奢华

我们一行抵达巴黎大饭店时，已是午夜。璀璨的灯光把饭店前的赌场广场映照得如同白昼。穿过略显狭小的旋转门，一尊展现路易十五骑马英姿的铜像出现在眼前，高高扬起的马腿被摸得油光锃亮——后来我才知道，准备去隔壁赌场的住客出门前都会来摸摸这个马腿，期望能带来好运。

坦率讲，比起它奢华的名声，巴黎大饭店内部的装潢和客房的布置，已没有一个世纪前那样让人叹为观止。尽管各个房间内在保持原有装饰风格的同时，增加了不少现代气息，配有桃花心木家具、匈牙利实木地板，以及细木镶嵌的工艺品，浴室则由危地马拉绿色大理石镶嵌，但不算宽敞的空间，还有狭长迂回的走廊，还是流露出几分古旧与局促。不过，联想到这是承袭了一个半世纪的格局，百余年前能达到这样的水准，已经非常可贵了。

住了一个晚上之后，我开始体验到这座饭店的特别之处。浴室内，

饭店大厅内的路易十五铜像→

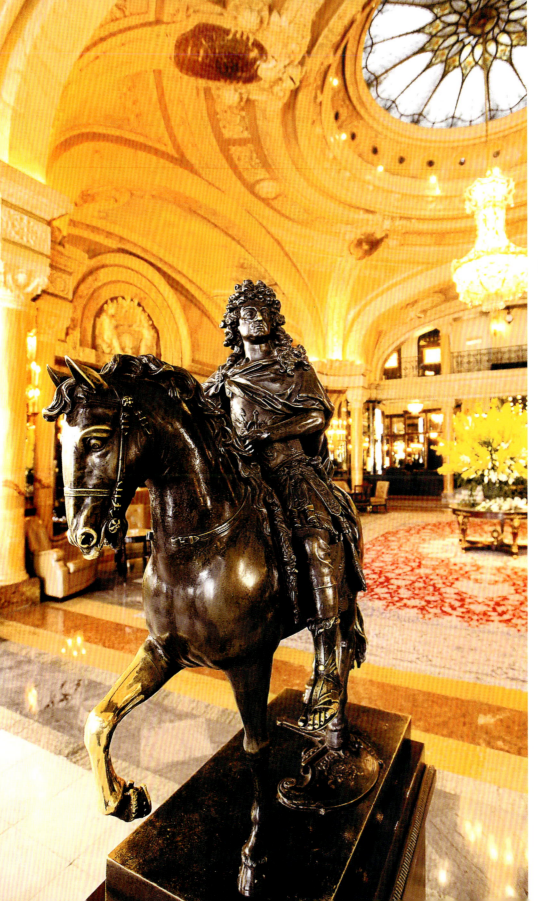

配备两个盥洗池的浴室

非常贴心地配备了两个盥洗池,可供两位客人同时洗漱——欧洲的很多豪华酒店里都没有这样"奢侈"的装备,而在寸土寸金的摩纳哥,如此体贴入微的服务背后的成本显而易见。提供给客人的卫浴用品,则是清一色的爱马仕品牌,暗示着客人在饭店眼中的尊贵。每间客房外还带有一个小小的阳台,可以眺望远处蔚蓝的地中海,俯瞰对面的赌场,感受广场上的熙来攘往。

每位下榻此地的客人能享受到的便利还包括:三家米其林星级餐厅,足不出户就能享用到欧洲名厨阿兰·杜卡斯制作的美味。修葺一新的帝

巴黎大饭店客房
沉醉于蓝色的臂弯

修葺一新的帝国大厅

蒙特卡洛海水疗养中心

国大厅，在其镀金天花板上新加了八万片金叶，七扇落地玻璃窗朝向露台，可一边吃饭一边观看F1比赛。世界酒店中藏酒最丰、面积最大的酒窖，可接待50名宾客参加品酒会和私密晚宴。还有一个专门通道，直达6600平米的蒙特卡洛深海海水疗养中心（当今欧洲最漂亮、世界排名前十的SPA中心）……

看到这么多给人惊喜的"……之最"，我突然明白，巴黎大饭店的尊贵，更多体现为精心关照客人的一切需要和感受，不那么显山露水地提供全方位的顶级服务。这就不难理解，为何它能成为"Leading Hotels of the World"集团成员饭店，在世界百家酒店排名中居第13位，被评为世界上最美的酒店之一。

娱乐与消费

◎著名酒店

巴黎大饭店，电话：+377 98 06 17 17，网址：www.montecarloresort.com

赫米塔日酒店，电话：+377 98 06 40 00，网址：http://fr.hotelhermitagemontecarlo.com/。

蒙特卡洛湾酒店及度假村，电话：+377 98 06 17 17，网址：www.montecarlobay.com

蒙特卡洛大都会酒店，电话：+377 93 15 15 15，网址：www.metropole.com。

蒙特卡洛海滩酒店，电话：Tel：33 493 286 666，网址：http://www.monte-carlo-beach.com/。

蒙特卡洛海港王宫酒店，电话：+377 97 97 90 00，网址：www.steinhotels.com/portpalace。

◎购物

摩纳哥是举世公认的国际豪华之都。在市中心著名的金环集团聚集了以豪华典雅著称的品牌精品店；从老城区延街商店的传统纪念品，到有香榭丽舍之称的芳维耶购物中心供应的服饰，装饰品，皮格制品和礼品等；位于蒙特卡洛的金环广场汇集了诸多代表最新时尚的著名品牌。娱乐场广场周围则集中了珠宝界的翘楚：Cartier、Chopard、Van Cleef Arpels、Bulgari、Piaget、Repossi；艺术爱好者则能找到如 Fersen、Adriano Ribolzi、Gismondi Pastor 和更多其他名家在内的古董商和室内设计师来满足自己的心愿。

◎餐馆

美食是公国新艺术生活不可缺少的重要元素。巴黎大饭店：阿兰·杜卡斯主理的路易十五餐厅和 le Grill 餐厅；波硫索梅尔（Beaulieu-sur-Meru）；La Trattoria，位于蒙特卡洛 Sporting 俱乐部里；望海楼（Le Vistamar）：位于 Hermitage 饭店。除了各大酒店的著名餐馆，众多小有名气的餐馆还可以让您享受普罗旺斯特色菜，地中海边尼斯口味或意大利风味的佳肴。

◎酒吧

拉维托（Larvotto）广场的青音酒吧（Note Bleue）；葡萄酒吧（Sabor di Vino），爱好者可品尝到各国运来的各种葡萄酒；蒙特卡洛海滩酒店（Monte Carlo Beach Hotel）的海厅酒吧（Sea Lounge）；芳维耶区的哥哈得咖啡馆（Gerhard's Café）；Ship&Castle 酒吧；在科伦巴斯酒店（Columbus Hotel）的鸡尾酒吧，可以吃正宗的南美小吃。另外，在大力神港（Hercule）周围还有斯拉磨尔英式酒吧（Slammers），得克萨斯酒店的酒吧（Texan）和猴子酒吧（Monkey）。

酒与人生

Patrice 从来没有计算过,自己已在巴黎大饭店的酒窖中度过了整整10年。10年足以使一个少年长成健硕的小伙子,让一位少女的额角出现皱纹,令一个国家发生翻天覆地的变化,然而在 Patrice 的日历中,与各类美酒为伴的生活,10年不过是回眸一瞬。

在成为品酒师之前,Patrice 是一名职业橄榄球运动员,他的祖父当时在巴黎一家酒店任主厨调酒师,后来酒店因缺少人手而需招聘一名调酒师助理,年轻的 Patrice 心想,"将酒倒在酒瓶里,再倒到酒杯里,一点儿也不复杂,我可以试试",就这样机缘巧合地进入这个行业。通过"Advanced Sommelier"(资深品酒师)的认证考试后,Patrice 接受了巴黎大饭店的聘请,离开家乡来酒窖工作,一待就是10年。

世界上最大的饭店酒窖

穿过幽暗曲折的通道,我们到达饭店地下一层的酒窖。一路上气温越来越低,户外热浪袭人,这里却凉爽得有几分寒意。1874年,巴黎大饭店在地下岩石层上开凿出这个酒窖,天然的岩石构造,使酒窖长年具有恒定的温度和湿度。深入地下12米的酒窖,温度常年保持在12—14摄氏度,湿度维持在75%—80%。

"最初建造巴黎大饭店的时候,非常遗憾的是,人们忘记了建酒窖。那时候饭店的客人需要的酒都是从尼斯装船运到摩纳哥,然后在巴黎大

酒窖里的品酒间

饭店装瓶，再提供给客人享用。直到10年后，赌场建造者弗朗索瓦·布朗的夫人终于决定要建一个自己的酒窖，于是在她的大力倡导下，又花了整整10年才建成这座饭店酒窖。这期间，每天都有100多位工人在波尔多为酒窖的建造工作而忙碌。"

随着藏酒越来越丰富，更多的客人慕名而来。1994年，酒窖进行了一次大规模的扩建，不仅扩大了规模，还增设了陈化室和品酒间，总面积达到2500平方米。或许连布朗夫人都没有想到，这里会成为世界上藏酒最丰、面积最大的饭店酒窖。目前，长达1.5公里的陈列架上，平放着4000多个品种、60多万瓶上好佳酿，为SBM集团旗下所有场所提供高品质的酒品，有些佳酿甚至可以追溯到1800年。

为保证品质，长期以来，开窖取酒的时间被严格限定在每天上午7点到11点，只有这个时间才可根据顾客的需求打开酒窖取酒，其他时间则是对外关闭的。若有尊贵的客人想在这里举办小范围的私密晚宴，需提前预约。

美酒金库

在酒窖入口处的一个房间内，平放着几个大的橡木桶，旁边密密匝匝的木制酒箱堆得很高，里面装满了已经装瓶的酒。室内湿气很重，墙壁上、木桶上，都有斑驳的痕迹，空气中有股淡淡的混有橡木气息的酒香。

酒窖入口处密密匝匝的酒箱

关于葡萄酒的起源，有一个有趣的传说。

相传古波斯的一位国王十分喜欢吃葡萄。在盛产葡萄的季节国王可以大快朵颐，可是到了冬季没有葡萄可吃的时候他就会很生气。为了在其他季节也能吃到葡萄，这位国王就将吃不完的葡萄储藏在瓶中，并且写上"毒药"二字以防他人偷吃。

有一天，国王的一个宠妃因为过失惹怒了国王被打入冷宫，这位心灰意冷的妃子想自尽了此一生，恰巧这时看到了国王盛有"毒药"的瓶子，于是，没有多想便打开瓶盖一饮而尽。没想到"毒药"并没有带来痛苦，反而让这位妃子飘飘欲仙，仔细想来"毒药"还有着细腻而甜润的口感。于是，妃子便将这一情况上报国王，国王一试果然如此，十分开心，便赦免了妃子的罪过。

至于为什么要用橡木桶装酒，Patrice 是这样解释的：

18 世纪时，法国卷入了西班牙战争。当时由于白兰地（被称为葡萄酒的灵魂）出口市场不佳，造成大量存货，人们不得不将存货装入由橡木制成的木桶内储藏。数年后，解甲归田的人们惊奇地发现，储存在橡木桶内的白兰地竟然变得更香更醇，且色泽晶莹剔透，呈琥珀色。原来，当经过蒸馏后的酒被放置在橡木桶中陈化，空气与木材不断发生接触的融炼过程，能使酒逐渐沾染上橡木的颜色，酒香也越来越醇厚。于是，用橡木桶酿藏白兰地便成为一个重要传统。不过，只有在法国特定的森林区专为酿酒而种的坚实橡木，才被用来制造酿酒桶。

> 一串葡萄是美丽的、静止的、纯洁的;而一旦经过压榨,它就变成了一种动物。因为它在成酒以后,就有了动物的生命。
> ——美国作家 威廉·杨格

在这里封存的,除了美酒,还有一段段历史

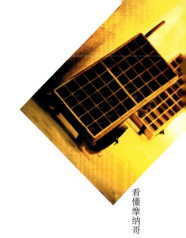

　　根据酒的年份和品质，酒窖被隔出很多个区间，中间有径直的通道相连，两边则是高至屋顶的开放式酒架或酒柜，瓶装美酒就那样层层叠叠地平放在不同的酒架上，每个小隔断前都贴有标示酒的品种、年份的小标签。

　　这是一个不折不扣的地下宝藏，拉菲（Lafite）、玛歌（Margaux）、帕图斯（Petrus）、伊甘堡（Yquem）、罗曼尼－康帝（Romanee-Conti）、考尔通－查理曼（Corton-Charlemagne）、庞玛（Pommard）、唐培里侬（Dom Perignon）等众多世界名酒藏身其中。越往里走，藏酒越珍贵，储藏方式也有差别，阴湿的感受愈加强烈。酒窖深处辟有独立的储藏室，每个这样的小隔间都配有带锁的栅栏式木门。从外头往里看，无论瓶身还是酒架，都像蒙了一层灰尘般色泽灰暗，似乎很少被人动过。

　　酒窖中的很多酒品要窖藏几十年后，才被拿出来供客人们享用，以达到它们的极致口感。为了确保窖藏酒品的质量，除了对窖藏的美酒做详尽的产区和年份标注外，巴黎大饭店特意组建了由非常资深的侍酒师组成的品鉴团队，他们不仅决定哪个年份的藏酒已经达到最佳口感，可供客人享用，还定期在酒窖专设的品酒室对各产区的美酒进行品鉴，向酒品采购人员提供建议。通过两周一次的品酒会，侍酒师可以对他们向客人推荐的酒品，有更加深入的了解，以便更好地掌握某款酒在什么样的温度下最适合开瓶供客人饮用。

　　行至珍藏酒存放室，Patrice轻轻地打开木门。阴冷寂静的空间里那"咯嗒"的开锁声，听上去很有些历史的沧桑感。Patrice小心翼翼地从酒架

1929年的干邑

最上层捧出一瓶酒,卷曲着的泛黄标签提示我们它已经很有些年头了。"这是1929年的干邑,目前的市价为9000欧元。"这里还藏有1934年在酒窖内封装的红酒。"我们的藏酒不但年代久远,而且同样年份的同一款酒,我们的收藏数量远在其他酒窖之上。"

"随着时间的流逝,白葡萄酒的颜色会越来越深,红葡萄酒的颜色则会越来越浅,越发明亮。"行走间,Patrice还不忘向我们传授与酒有关的知识,"不过,并不是所有的酒存放的时间越长,品质就越好。酒的保存也不是简单地放在瓶中任其慢慢'老化'。当酒已经足够成熟后,就不能让它平躺着存放,那样酒和瓶塞的接触会导致瓶塞越来越陈化,从而使香味流失,美酒变质。必要的时候,我们会为酒更换瓶塞,使之能保存更长的时间。"

说到这里,Patrice指了指旁边一处储藏室中酒架最顶端竖直陈放的那一排酒,遗憾地告诉我们,"因为年代过于久远,那里的酒中就有不少失去了好的品质。不过没有关系,酒窖中并不是所有的酒都是用来品尝的。我们会继续珍藏它们,因为每一瓶酒都有自己的灵魂与时代印记,保存它们就是保存一段历史。"

水晶香槟的故事

水晶香槟,香槟家族中最昂贵的一款。它有一个很美的名字。水晶

通道尽头,是珍藏酒存放室→

玻璃制造的透明瓶身如水晶般澄澈，内存有着黄金般光泽的琼浆，让人联想到浪漫的夜晚。围绕它优美品相的种种传说，竟然都与俄国沙皇有关。

相传中世纪时期，俄国沙皇尼古拉一世非常喜欢香槟，对巴黎大饭店酒窖中的藏酒更是倾慕已久。在一次会见酒窖主管时，尼古拉一世说道："我会收藏你们的酒，但有一个条件，要将这些酒都装在水晶瓶子里面，让我能看到它折射出来的光芒，此外，瓶底要做成平的，不能是凹进去的"。这个要求让人们感到很奇怪，最初大家认为沙皇是为了追求瓶身的美观，后来才得知，谨慎的尼古拉一世对周围的人心存戒备，用水晶制作的纯色透明的酒瓶，能使人在第一时间目测出瓶内美酒的品质；而平的瓶底消除了藏有暗器的可能，这就能最大限度地防止别人加害自己。

还有一种说法是：

在一次聚会中，沙皇与香槟酒制造商谈及香槟的品质虽佳，但是由于长途跋涉的货运，传统的玻璃香槟酒瓶因为抵受不了瓶内酒液气体的压力，经常会自动爆破，这一方面导致金钱上的损失，另一方面也造成危险，碎玻璃容易伤人。此外，这些普通的玻璃瓶，亦未显示出沙皇的气派。

精明的制造商回到香槟区以后，绞尽脑汁终于想到了一个好方法，于是找到水晶玻璃厂，为他们度身订做了一批以水晶玻璃作为材料的酒瓶。由于水晶玻璃比一般玻璃的抗压力强，同样可以抵抗一般的紫外线，制成的酒瓶完全无色透明，此外，瓶底部分也无须做一个内凹以抗压力，用来盛酒又极有气派，结果沙皇十分满意，这种酒从此成为俄国的宫廷

Patrice 向我们展示一款水晶香槟

用酒。

无论初衷是为了安全还是美观，演变到今天，水晶香槟在这两个方面都做到了极致。透明的瓶身对香槟的品质提出了更高的要求，优质的香槟又辉映着水晶瓶身的纯美，由内而外无可挑剔的组合，成就了香槟家族中的这款极品。

为了说明香槟的受欢迎程度，Patrice 补充道："波尔多酒和香槟是巴黎大饭店中最受欢迎的，我们每卖出的 100 瓶酒中，就有 20 瓶香槟和 40 瓶波尔多。为此，酒窖专门开辟了一个香槟区用来储存各种年份、口味的香槟，每天平均要售出 70-90 瓶。"

瓶装的历史

在酒窖里待的时间一长，有种时光倒转的感觉，四周散发着一种中世纪古堡的味道。躺在酒架上的各色藏酒就如一个个沉睡的精灵，静静等待有缘人将它唤醒。尘封的酒瓶上贴着的古老标签恰似圈满岁月标记的年轮，诉说着它的历史和价值。在瓶塞开启的那一刻，喷薄而出的除了佳酿，还有封存多年的历史。

英国前首相丘吉尔曾数次下榻巴黎大饭店，并在这里度过了生命的最后时光。在居住期间，首相无意中喝了一种酒，品尝之后对其赞赏有加，决定将这种酒的相关信息记录下来；又因为担心发生水灾、火灾等意想不到的事情将纸质的东西毁坏，于是丘吉尔索性将重要的信息标记在喝过的酒瓶上。现在酒窖内还珍藏着备受丘吉尔推崇的这种酒以及当年首相留下的空酒瓶。

Patrice 引我们来到一个特殊的分区，这里只存放 1998 年的酒。"美酒可遇而不可求。生产好酒是需要好年份的，如果某一年的天气、气候、年景等有利于葡萄的生长，就能酿出上等的好酒。"Patrice 指着满架的红酒说，"1998 年正是这样一个好年份，因此这一年的酒也就格外香醇，产量也非常高。将这些好酒统一存放在这里，既便于提取，也是一种纪念"。

在酒窖深处一个密闭的、散发着淡淡霉味的藏酒室内，Patrice 和大家分享了发生在这里的，酒窖自建立以来最惊险的一个故事。

第二次世界大战期间，德国人和意大利人占领摩纳哥后，巴黎大饭店酒窖的主管为了保护珍宝和一些珍贵的好酒，下令用空的酒瓶一层层码起来堆在这个房间里作为掩护。

德国人来了，意大利人来了，他们最终找到这个房间还有里面的空酒瓶，开始拿掉瓶子寻找珍宝。拿掉了一层又一层，在拿到第五层的时候，他们终于放弃了，认为这只不过是个普通的储物室，应该不会藏有值钱的东西，于是悻悻而归。而事实上，就在第六层，也就是为数不多的那层空酒瓶下面，就藏着酒窖中最珍贵的宝贝和好酒，以及 SBM 集团和在巴黎大饭店居住的 40 个家庭中最值钱的财物。当年被保存下来的名酒中，包括 1929 年的玛歌。

舌头的修炼

在酒窖里参观了一个小时左右,在出口位置,我们看到一个餐厅模样的区域,里面摆放着一些木制的桌椅,灯光幽暗。这就是酒窖用来举办品酒会和私人宴会的地方。在这里品酒,倒是别有一番风味。

同行的朋友半开玩笑地问Patrice,不少中国人喜欢用雪碧来兑红酒,他对此怎么看。Patrice听后一脸茫然,认真地建议,如果怕酸,可以往酒里加一些冰块。

临别前,我们向Patrice提了几个关于品酒师的问题。比如,品酒师的酒量如何?听后他咧嘴笑起来,摇摇头打趣道,原来你们以为品酒师是幸福的"酒鬼"哪!虽然成天与酒打交道,品酒师的酒量不一定很好,有人还可能不胜酒力。因为做这一行的人,保持嗅觉和味觉的灵敏度至关重要,是不能过度饮酒的,甚至还要戒忌很多美味的食物。

品酒师的培养也非一朝一夕即可完成。要想成为一名优秀的品酒师,至少需要五到十年时间。在此期间要接受非常严格的训练,不但要求对葡萄的品种、特性、如何与食物搭配等有深刻的了解,还需要对红酒有深厚的情感。由于训练枯燥、单调而失去信心,中途放弃的人不乏其数。

"入行前我把这份工作看得过于简单。"Patrice回忆道,"没有想到学习的过程那么艰难。为了练就一条灵敏的舌头,我必须凭记忆分辨出各种红酒的香气和味道,刚开始的时候,我根本就记不住那些几乎数不清的品类。一次次的失败让我非常苦闷,甚至开始绝望了。"

"后来,我的祖父告诉我,绝对不能放弃。为了梦想付出再多的努力都是值得的。于是我咬牙坚持训练,每天都要品数十种不同香型的红酒,当天记住了,可是睡一觉便会忘记,只好加大训练强度。突然有一天,我发现自己的舌头已经麻木了,根本品尝不出任何味道,那一刻我害怕极了。好在祖父告诉我,那是训练过度的反应,只是暂时的,过几天就会好……就这样我挺过了初期训练的艰难。再后来,一切都慢慢好起来了。"

"品酒的时候我常常想,酒的滋味跟生活的滋味很像。刚入口时有些酸,又有些甜,还混合着不同的香气,它是甘苦并存的。等到在嘴里停留片刻,你便能慢慢品出它的真味,是一种很复杂的美妙。喝到好酒,那感觉真是太棒了。"

"酒在哪里,我的根就在哪里。"说这话时,Patrice 一脸的甜蜜。

举办品酒会和私人宴会的区域

味蕾上的地中海

美食在生活中的不可或缺，让再正常不过的"口腹之欲"也令人充满期待。生活在地中海沿岸的人，是天生的美食家，丰富的新鲜食材、美味健康的烹饪方法，在这里住上一段时间，再迟钝的味蕾也会变得挑剔起来。

地中海美食，泛指希腊、西班牙、法国南部和意大利等位处地中海沿岸的欧洲各国的美食品种。因为临海，海鲜当仁不让地成为其中的"挑大梁"者，鲜美的虾蟹、肥厚的生蚝以及各种贝类、海鱼，带着海洋的味道扑面而来，还有新鲜营养的蔬菜、水果沙拉，各色冷式拼盘，搭配健康的橄榄油、醇厚的乳酪、美味的葡萄酒，温柔地犒劳你的胃。据说这种以蔬菜水果、鱼类、五谷杂粮、豆类和橄榄油为主食的饮食风格，是世界公认最健康的美味。

第二部分 看懂摩纳哥

111 味蕾上的地中海

阿兰·杜卡斯的地中海之约

法国名厨阿兰·杜卡斯（Alain Ducasse）号称餐饮界的教父，也是所有厨师们的偶像。他曾被授予米其林最高奖（九颗星），甚至连他的名字都成了美食界的一个品牌。遍及东京、巴黎、伦敦、毛里求斯的阿兰·杜卡斯餐厅，清一色富丽堂皇的装潢，一顿正餐动辄数百欧元，只有50个座位却有55个伺者……传奇得如同餐饮界的LV。

当SBM集团推荐阿兰·杜卡斯担当蒙特卡洛巴黎大饭店所有餐厅总厨一职时，他欣然接受了这一挑战，并签订合同承诺在四年之内为路易十五餐厅赢得米其林三颗星，同时使该餐厅成为世界上最富盛名的餐厅之一。他真的做到了。

"厨师所做的只应当是展示而不是创造原料的口感与香味。"阿兰·杜卡斯所推崇的烹饪方式是尊重食材的本质。这也是地中海菜式的精髓所在——重视食材的季节性和口味的纯正；各种食材被单独考虑和加工，其纯正口味和口感一定要保留在菜式里。

烹饪最好的材料是那些最新鲜、自然，有季节代表性的食物。法国尼斯的露天集市是阿兰·杜卡斯最喜欢光顾的地方，这里的摊贩都是崇尚绿色饮食的当地村民，他们为杜卡斯的厨房提供了最上等的原料。

20世纪末备受推崇的烹饪法是传统、发展和现代的巧妙结合，阿兰·杜卡斯正是这一方法的创始人之一，并将地中海这一区域美食不断发扬光大。每一道佳肴的制作都会历经耗时颇长的准备工作，精心烹制，并且

第二部分 看懂摩纳哥

路易十五餐厅

餐厅天花板壁画

恰到好处地调配最多两到三种法国南部时令配菜,以达到十足的美味。

地中海美食充满健康、时令的元素,在杜卡斯管理的餐厅内,菜牌就是一首美妙的地中海乐章,随季节而变换。

初春时节,人们可以品尝到芦笋、羊肚菌、朝鲜蓟等时令鲜蔬。六月,西红柿这一夏季不可错过的蔬菜隆重登场,它的果香吸引着阳光食客纷至沓来。秋季菜牌主推野味及两种块菰——十月首先推出 Piemont 的白块菰,之后是食中精品黑块菰。冬季的菜牌以南部里维埃拉风味为主,采撷新上市的柑桔,为食客奉献一片清香。

像观看歌剧般隆重地用餐

自 1987 年以来,阿兰·杜卡斯担任路易十五餐厅的主厨,把它发展为世界上最富盛名的餐厅之一,拥有米其林三颗星。位于巴黎大饭店地下一层,占地 140 平方米的这家餐厅,特色在于奢华绚丽的装潢,以及令人眼花缭乱的菜单。

阿兰·杜卡斯曾经半开玩笑地建议客人们,不要太频繁地光顾他的餐厅,一周一次就可以了,以免造成审美疲劳。凡尔赛风格的路易十五餐厅的确在挑战人们对于奢华的想象——宫殿式的大堂,珍贵的细木的绸缎装饰,以及金饰及水粉画点缀等,华贵之外还有一种历史的厚重感。

餐厅的天花板装饰着费利克斯·卢卡斯(Felix Hyppolite Lucas)

> 如果必须赋予它（路易十五餐厅）一种颜色，那应当是地中海的蓝色；如果必须将它比做一种味道，那应当是上好橄榄油沁人心脾的醇香；如果必须用一个词汇来形容它，则非"精华"一词莫属。
>
> ——阿兰·杜卡斯

的壁画，地上铺的是团花图案的地毯，墙上悬挂路易十五的宠妾庞巴度侯爵夫人以及巴利伯爵夫人的画像。厅内的大幅装饰镜使客人能够看到餐厅举行的所有活动；餐厅两端的两座大理石挂钟，指针永远指向正午，像在提醒人们，何时用餐都不晚。

在高雅华贵的餐厅用餐，我想没有人不会在意自己的仪态和形象。就像是为了增强客人们的奢华印象，路易十五餐厅把用餐的过程也变得像观看歌剧般隆重，在这里，你将体会到什么是郑重其事地享用西餐。

所有餐桌上都有一只口叼食物的银莺；配餐的黄油放在精致的大理石托盘中，上面扣着钟型的吹制玻璃罩，玻璃罩上还有 Jean Claude Novaro 的签名。

如何让客人更有情致地享用餐前开胃小食，显然也被精心设计过——开胃小食盛放在别致新颖的水晶玻璃中，上有玻璃大师 Carlo Moretti 亲自刻上的签名。

到最后享用甜点时，餐桌以蓝白两色为主色调，所有餐具上均有瓷器设计师 Pieter Stockmans 的签名。

在营造优雅氛围方面，餐厅可谓用心良苦，甚至有些不惜成本。侍应生的工作服出自著名服装设计师乔治·费佳里（Georges Feghaly）之手，剪裁得体的深灰色西服套装，搭配白衬衫和丝质领带。主厨还专门为有纪念需要的宾客，设计印有用餐日期的精美菜单。

据统计，路易十五餐厅的每一位客人平均要用掉 50 件餐具，能享受到 40 位工作人员的服务。虽然每天都有大量游客慕名而来，餐厅最多的

路易十五餐厅里的大厨们

时候也只接纳 50 位客人同时用餐。用阿兰·杜卡斯的话说,"只有这样才可确保餐厅对每一位客人都能付出超常的关注。"

路易十五餐厅的菜肴细腻、品种繁多,相信再挑剔的食客也不会失望。在这里,有时点菜会变成一种艰难选择。

菜牌分为如下几大项:蔬菜类(包括头盘沙拉,浓汤,面食),海鲜类(当地鱼虾及贝类),庄园菜肴(烤朗德土鸡配块菰,比利牛斯小羊嵌风轮菜等),特选奶酪。甜点类包括时令水果(如玛斯卡普纳森林的草莓)、巧克力甜点(如著名的路易十五糖杏仁松脆蛋糕),以及传统甜点。此外,还有冰淇淋和自制果汁冰糕,根据时令还可搭配各式小甜点和巧克力。

橄榄油尼斯软面包、麸皮面包、乡村烤面包、短棍……将近 300 余种的面包让人眼花缭乱。矿泉水包含 18 种不同品牌,咖啡涵盖了从巴西到非洲 9 个不同产地的产品,茶水单上则有来自世界 15 个国家的不同品种。最后,还有 15 种香烟或雪茄让你用餐完毕后还能享受余兴。

星空下的法式大餐

虽说名声在外,但若不是熟客,要找到 Le Grill 餐厅还是颇费一番周折。巴黎大饭店里的过道像迷宫一样,虽然有不少电梯,但仅有几部能抵达八层餐厅。摩纳哥人似乎也明白"酒香不怕巷子深"的道理,没有揽客的漂亮标牌,也没有殷勤领路的服务生,在寻找餐厅的过程中慢

蓝色的 Le Grill 餐厅→

> 摩纳哥，颓废人们的阳光地带。
> ——毛姆

"屋顶花园"

慢吊足客人的胃口。

比起其它的老牌餐厅，Le Grill 餐厅的创建时间并不长（始于1959年），不过已经得到米其林一星。在这里用餐，需要提前几天预约，且要注意着装。

都说法国人的夜晚从一顿丰盛的晚餐开始，其实更多的时候，他们的夜生活与享用晚餐几乎可以画等号。不过，摩纳哥的夏季天黑得晚（晚上十点左右才到真正的黑夜），我们抵达的时候已经晚上八点多了，用餐的高峰时刻还未到来。可容纳80人的大堂，稀稀拉拉的只有几桌客人。

蓝色，是地中海的颜色，是天空的颜色，也是 Le Grill 餐厅的颜色。蓝色象征着永恒。餐厅的布置是清一色的蓝——深蓝的地毯、湖蓝的椅套、浅蓝的桌面、天蓝的菜单。

2005 年 1 月，年轻的希尔文·艾提凡（Sylvain Etievant）成为 Le Grill 餐厅的总厨。他曾师从法国名厨阿兰·杜卡斯和马里奥·穆拉多尔。艾提凡推荐给客人的美食简单而富有创意，菜品口味清淡。菜式上兼顾传统和创新，比如针对鱼和肉类采用多种不同的烹制方式：串烧，烤制，煨炖。可口的泡芙，其制法竟然有一百多年的历史，从 1898 年 1 月 1 日就在巴黎大饭店内供应，至今还出现在餐厅的甜品单上。

点菜之后，我们到餐厅的阳台上看风景。从这个角度，可以眺望地中海远景、落日下的港口风光，还有摩纳哥著名的"屋顶花园"（很多建

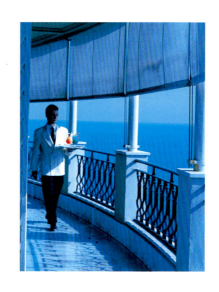

筑的楼顶平台上，非常艺术地栽种了漂亮的花草，使得从半空中俯瞰这座城市时非常漂亮）。

　　落座之后，帅气的服务生优雅地斟上红酒，端来我们的开胃菜：对虾、洋蓟配小洋葱。鲜肥的对虾在精美的银质餐盘里散发出淡淡的乳酪香气，立刻勾起大家的食欲。主菜是烤鲂鱼片，搭配鲜嫩的茴香和黑橄榄。甜点以餐厅最著名的 soufflé 结束。餐后还有咖啡、小圆饼，以及巴黎大饭店特制的各种口味、形状的巧克力。

　　Le Grill 餐厅最奇特美妙的地方是它独特的顶盖设计，能够在有星星的夜晚打开屋顶，仰望苍穹。据说这来自希腊船王奥纳西斯的创意。我们来得早，特意挑选了一个顶盖正下方的好位置。享用美味的时候，不经意间，随着一阵轻微的喧嚣声，便有一阵清凉的风从头顶掠过。仰头就看到满天的星星在微亮的天幕中闪烁，那种感觉很奇妙。一边吃饭，一边不时抬头往上看，大地与天空的距离从未有过得接近，非常真切地感受到夜幕在一点一点降临，星星越来越多，越来越亮。

　　天色渐渐暗下来，周围的客人也多起来了。跳跃的炉火中翻烤着的牛排滋滋作响，热气腾腾的粘稠巧克力散发着甜腻的浓香，训练有素的伺者在席间穿梭，优雅娴熟地为客人更换碟盘。没有人催促快些上菜，没有人希望"速战速决"，一切井然有序，按部就班。

第二部分 看懂摩纳哥

打开屋顶的餐厅

Part

3

文化地标

王宫
海洋博物馆
格里马尔迪国际会议中心
歌剧院与大教堂
文化家园

在很长一段时间内，王宫是抵抗入侵者的坚固堡垒

王 宫

七月的摩纳哥骄阳似火，尽管正午时分热浪袭人，一路上还是能看到很多游客在散步或是晒太阳。说到日光浴，这是大多数欧洲人的最爱，就连很多女士都认为，小麦色的皮肤最健康、漂亮。最棒的午餐聚会，常常安排在烈日下的露台上；只要有太阳，他们能在沙滩上，赤着身子从早待到晚。这种偏好使得欧洲人罹患皮肤癌的概率比较高，但他们还是一如既往地追逐阳光，这让很多东方人难以理解。不过入乡随俗，欧洲人没有头顶遮阳伞的习惯，建议夏季到欧洲旅游的人准备好系数较高的防晒霜，以及深色墨镜、遮阳帽等，以免被晒伤。

从巴黎大饭店来到王宫广场，车程约十分钟。从外观上看，眼前这三层楼高的灰褐色建筑群古朴、低调，不像奢华的王宫，更像是热那亚风格的防御城堡，很有种古朴的历史味道。王宫正门紧闭，只在左侧设有游客参观入口。王宫前的广场上用警戒线辟出特殊车辆的停放区域，私家车是不能进入广场的。

广场上游人如织，不时对着王宫及正门口两位值勤的警卫拍照。广场周围保留着防卫堡和炮台遗址，依次摆放着的八门大炮和成垛的炮弹，据说是路易十四赠送给摩纳哥亲王的礼物。

昔日防御敌军的城墙与炮台，现已成为王宫山上最好的观景台，也是游客最多的地方。山下蓝色的港湾里泊满了白色的游艇，依山而建的楼群密密麻麻、重重叠叠；山这一边的领土在法国治下，那一片的森林则屹立在意大利境内。

我们抵达时已将近下午三点，遗憾地错过了每天中午十二点王宫门

第三部分 文化地标

王宫广场上依次摆放着八门大炮

前按例举行的换岗仪式,这可是摩纳哥王宫之旅的一大看点。印象中,20余名身着传统制服的卫兵在有节奏的鼓乐声中列队而出,交接岗位的队友们互相致意的场面,庄严又带有民族特色。

百年传统的守护神

在很长一段时间内，这是一座用来抵御入侵者的坚固堡垒。

在一块 60 多米高的悬崖上，古老的摩纳哥王宫在热那亚人 1215 年修建的防御工事旧址上复建起来，自 1297 年起就是公国君王的府邸。它象征着国家主权，也记录了格里马尔迪家族的功绩。

摩纳哥王宫的建筑及装饰，堪称历代亲王"接龙式"创作的结晶。不同时期的建筑风格、不同王室的个人喜好，都清晰地浓缩在这座宫殿里。

17 世纪开始，奥诺雷二世对王宫内部进行整修。1690 年，路易一世下令建起朝着大院的王宫大门。法国大革命之后，落寞的王宫形影相吊，惨遭破坏，收藏尽失，亲王的住所百废待兴。查理三世下令建起圣玛丽塔楼和其他佛罗伦萨风格的附属建筑，阿尔贝一世则建起了钟楼。

近一个世纪以来，兰尼埃三世是第一个在摩纳哥王宫里度过一生的人。除亲自主持王宫历史上最大规模的修缮外，他还在这里迎娶了凯利王妃。兰尼埃大力推行对王宫的翻修和现代化建设，还根据王妃的喜好对王宫的装饰接连进行了几次修改，同时扩建了游泳池，将其与车库、电影院连通起来。

摩纳哥历史的风雨飘摇。时过境迁，尽管王宫还保留着中世纪的风格，几经整修后，人们已很难想象它最初的面貌。但不管怎样，追忆公国的历史，摩纳哥王宫是最有说服力的地标。

如今每年的 6 月到 10 月，王宫内的大宫殿对公众开放。仅一座庭园

王宫城堡一角

第三部分 文化地标

129 王宫

王宫，摩纳哥百年传统的守护神

之隔的行政区域办公如常，运气好的话，说不定你能在这里见到出来散步的阿尔贝二世亲王。

此外，王宫中的荣誉院（创设于1959年）在蒙特卡洛艺术节期间也会邀请当地人前来，与王室成员共同欣赏高水平的音乐会。据说兰尼埃三世在世时，每逢圣诞节，他还会在王宫招待当地居民和孩子。

通向埃居尔长廊的楼梯设计，
受到了枫丹白露城堡的启发

200间房子的童话宫殿

比起凡尔赛宫的精美与卢浮宫的博大，摩纳哥王宫的外表并不让人惊艳。不过，当你花上六欧元，戴上内含十种语言导游信息的耳机走进王宫内部，想象中王宫应有的气派很快就会出现。同样的精美、奢华，只不过因为空间局促，这里更像是一座微缩版的童话宫殿。

以艳丽的色彩区分不同房间的属性与功能，是摩纳哥王宫的一大特色。热情如火的"红色厅"的墙面挂满了珍贵的挂毯，家具是路易十五风格；金碧辉煌的"黄色厅"又名路易十五厅，装潢充满了法式的浪漫；金蓝相间的"蓝色厅"是举行正式仪式的地方，铺有丝质地毯，配有源自19世纪意大利的镶金家具，悬挂着威尼斯水晶吊灯。

王宫内风格各异的众多房间中，目前只有仪仗厅、蓝色厅和王座厅仍在使用。仪仗厅是亲王的卫队整顿的地方。王座厅是摩纳哥公国的高级官员向亲王述职，或是王室家族举行仪式或招待会的地方，当年兰尼埃三世和格蕾丝·凯利的婚礼就是在此举行。室内装有文艺复兴时期的大壁炉。帝国风格的王座放置在维也纳天鹅绒华盖下，其上有查理三世的勋章，不仅代表亲王的权力，也体现了公国的独立。王座上的国徽上写有法文"上帝之助"。

王宫内的庭院既是旧城堡的核心，也是修葺新王宫时的重点，点缀地面的白色及彩色鹅卵石（将近300万块）是兰尼埃三世的杰作。通向埃居尔长廊的楼梯设计受到了枫丹白露城堡的启发。16世纪意大利风格

王宫荣誉院内的露天音乐会

的长廊令人联想起文艺复兴时期佛罗伦萨的王宫,王室成员在重要场合和公众见面的露台也坐落其中。

王宫里还有很多珍贵的藏品,包括13世纪以来的历史文件、16世纪以来的货币、17世纪热那亚艺术家的作品。王宫图书馆中有12万册藏书,其中的卡罗琳公主图书馆以专门收藏儿童文学作品闻名。当然,这里展示最多的还是记录格里马尔迪家族历史的精美画像及照片。

没想到游览过程中还有一个意外的发现:负责安保的警卫中,不乏高挑、靓丽的女警卫。她们身着英武的制服,睁着芭比娃娃一样的大眼睛,迈着秀丽的长腿四处巡视,还不时亲切地回答游人的各种询问,成为王宫里一道与众不同的风景线。

夜幕中的童话宫殿

王座厅

第三部分 文化地标

> 如果人们认为我有什么丰功伟绩,我不会感到快乐。
> ——阿尔贝一世

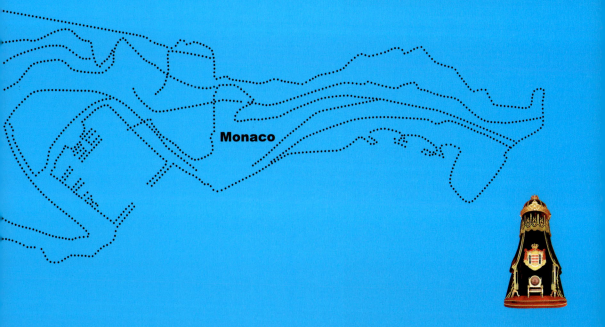

Monaco

海洋博物馆

来到摩纳哥的第一天上午，我们一行如约前去拜访摩纳哥旅游局局长 Michel Bouquier。我在国内参加摩纳哥旅游局举办的一些推广活动时，曾与 Bouquier 先生交流过几次。这次重逢，等候我们的还有摩纳哥旅游局的营销主管 Florence Michel-Bouvier 女士。

临别前，Michel-Bouvier 女士赠送给我们每人一份摩纳哥各大博物馆的参观套票，建议大家去博物馆感受一下摩纳哥的历史与文化。

在这片弹丸之地上，竟然有十余家风格各异的特色博物馆，这一点我在摩纳哥工作之初就颇感震撼。史前人类学博物馆、邮票硬币博物馆、拿破仑历史博物馆、动物学花园、顶级车辆收藏馆、海洋博物馆……不一样的主题，一样的小巧、精致。不过，要挨个参观所有这些博物馆，恐怕对步履匆匆的游人是一种奢望。

时间关系，我们选择了海洋博物馆、民俗风情馆和热带植物园进行参观。如果你只能选择一家博物馆，建议你去海洋博物馆转转，因为和其他的袖珍博物馆不同，这里是全世界最早也最大的海洋博物馆。

海洋博物馆内壮观的海洋生物化石

阿尔贝一世

一位国家元首的海洋梦

阿尔贝一世,查理三世之子,兰尼埃三世的曾祖父。除了公国元首的身份外,他还有一个闪光的头衔——海洋学家,现代海洋学的奠基人之一。

阿尔贝一世继位时已有41岁。他的执政成果包括为摩纳哥制定宪法,着手深化制度改革;促进公国引进芭蕾舞艺术,并新建歌剧院等,与此同时,他还是一位真正的科学爱好者与先锋的冒险家。海洋学、人类学、古生物学甚至植物学,都在其广泛的兴趣爱好之内。他曾参与创建巴黎海洋学院、摩纳哥海洋博物馆、异国风情园、巴黎古人类生物学院、国际水文地理办公室和摩纳哥史前古生物博物馆;他对北极的考察,则成为人类探险史上的重要事件,由阿尔贝二世继承并发扬光大。

阿尔贝一世酷爱海洋,他青年时期的大部分时光是在海上度过的。

18岁时,还是王子的阿尔贝便开始了航海生涯。正是出于对大海的热爱,他选择在西班牙海军服役。在之后的普法战争中,王子加入了法国海军。多年的海军生涯使他对海洋越来越痴迷,而海军生活让年仅22岁的阿尔贝开始接触到当时的新兴学科——海洋学。不久,王子展示出惊人的天赋,深入钻研并发明了许多当时先进的勘探和测量仪器及方法。他不遗余力地发展海洋事业,远航考察和搜集海洋生物成为他生活的一部分。

阿尔贝一世对海洋的偏爱,催生出摩纳哥海洋博物馆,并发展为世

> 在海的远处,水是那么蓝,像最美丽的矢车菊花瓣,同时又是那么清,像最明亮的玻璃……那儿生长着最奇异的树木和植物。它们的枝干和叶子是那么柔软……所有的大小鱼儿在这些枝子中间游来游去,像是天空的飞鸟。
>
> ——安徒生《海的女儿》

界上最古老也是最大的海洋博物馆。馆藏的珍品大多来自阿尔贝主政期间的实地勘探与收藏,其中包括亲王亲手绘制的世界上第一幅由 24 页组成的千万分之一比例的世界海洋深度图,也因为此,阿尔贝一世被公认为现代海洋学的奠基人之一。

"亲王不仅是摩纳哥公国的君主,在人类探索自然领域,他也是一位真正的君王。"在摩纳哥海洋博物馆一层入口处,有一座白色石膏雕像:英姿勃发的阿尔贝一世站在海边岩石上,一手拿着望远镜,一手拈须作思考状,目光注视着前方,仿佛在告诉来往的人们,不要惧怕任何未知的挑战。

阿尔贝一世塑像

第三部分 文化地标

海洋博物馆

海洋博物馆正面

海洋博物馆背面

陆地上的深海世界

在人类生活的这个蔚蓝色星球上，有71%的面积是海洋。辽阔而深邃的海洋与人类活动息息相关，但至今我们仍无法解读海洋的全部奥秘。人类的每一次远航、勘测、考察，都在不断揭开那片蓝色世界的真相，而人类与海洋爱恨纠缠的几乎每一段历史、每一次发现，都珍藏在摩纳哥海洋博物馆。

矗立在距海平面上80余米的悬崖上的这座博物馆是在阿尔贝一世的倡导下修建的，也是摩纳哥最宏大的宫殿式建筑杰作之一。它由十万吨条石堆积而起，长100米，高87米，连同设在地下的水族馆一共有三层。

海洋博物馆始建于1910年，从一开始就致力于对海底世界的研究，不但成立了庞大的科研机构，还拥有自己的小舰队，经常外出搜集海洋生物标本。在保护海洋环境、普及海洋知识方面，博物馆也不遗余力。这里举办的世界海洋日大型活动，每年都会有不同的主题。海洋日当天，会邀请一些科学家、动物学家以及展馆工作人员到各展厅向游客进行相关的宣传。动漫、戏剧演出、展播、主题影片的循环播放，则给参观者带来更生动的视听震撼。

游览海洋博物馆，就像在古堡中探险。馆内的温度比户外低一些，感觉很凉爽。正门入口处，门楣上方雕刻着人鱼公主、海神、海兽、海鱼等神话中出现的形象，电灯的吊架也被别出心裁地制成了水母及其他海洋动物的形状。一层是环保展示馆，大量图片、文字和视频资料，展现了摩纳哥近年来在生态保护方面的成果，呼吁人们关注全球变暖。

在二层的陈列厅里，展示着各种海船模型。二楼正面有一排8米高、用整块白色巨石雕刻的石柱，石柱之间的檐上雕刻着曾为世界海洋学做出过卓越贡献的12艘考察船的名字，其中就有阿尔贝一世用过的"燕子号"和"艾丽莎一世号"。当年阿尔贝一世正是驾驶这两艘海船出海考察，搜集了大量海洋动植物信息，并把它们做成标本，为后来筹建摩纳哥海洋博物馆打下十分有利的基础。

海洋生物展厅正中，摆放着巨大的保存完好的抹香鲸、逆戟鲸的骨架。各种奇形怪状的海洋生物标本，让人叹为观止。从体积巨大的鲸类到最

美丽的海洋生物

小的原生动物,无所不有。

海洋器具展厅能帮助人们了解海洋科学发展的历史。深水测量仪、测温计、水位自动记录仪、浮标等各式器具中,有不少是海洋科学家在当年的实际考察中使用过的。展厅的角落里,模拟当年的研究场景设置了几间仿真"工作室",真人大小的模型人偶神情严肃地摆弄着各种工具,在摆满瓶瓶罐罐的房间里或坐或立,传神地再现了海洋科学家们一丝不

鲸类骨架

海洋器具展厅内模拟的海洋科学家们的工作场景

苟的工作场景。

　　设在地下一层的水族馆,是整个博物馆最鲜活生动的地方。1.5米长的海鳝龇牙咧嘴,露出几百颗锐利的毒牙;拥有8只长腕足的大章鱼,足上满是吸盘,硕大的身躯像一只口袋;40年前从亚速尔群岛运来的玳瑁、海葵和海百合懒懒地飘浮在水里……还有世界上最大的珊瑚礁——在400立方米的水池中,满是鲨鱼、大鳐鱼、热带鱼和活珊瑚。

　　水族馆内拥有全球一流的陈列设施与品种繁多的海洋生物。长长的海底观赏隧道内,能欣赏到200多种无脊椎动物和4000多条鱼。大大小小的玻璃缸里栖息着各种珍奇的海洋动植物,不同的观赏区有着不同的表现主题。各种罕见的海底生物,有的蛰伏沙底,有的遨游水中,形状怪异,色彩斑斓。

格里马尔迪国际会议中心

除了接待普通观光客外,摩纳哥还是国际会展和商务旅游的一大目的地。也是在这里,悬崖之国见证了中国人的悲喜:1993年9月24日,蒙特卡洛路易二世体育场,北京与2000年奥运会擦肩而过;2002年12月3日,格里马尔迪国际会议中心,上海申办2010年世博会则一锤定音。

格里马尔迪国际会议中心,摩纳哥填海造地的杰作之一,是世界唯一建在海平面以下的国际会议中心,也是迄今公国最新潮的建筑。我在

格里马尔迪国际会议中心宛若遗落海边的巨大贝壳

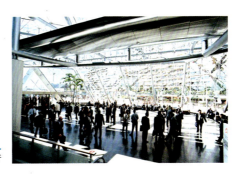

由巨大发亮的玻璃构成的入口大厅

摩纳哥工作期间,来自中国的文艺演出大都安排在这里进行。中国京剧尤其受到当地人欢迎,阿尔贝二世亲王就非常喜爱《杨门女将》,几乎每次见面都要跟我提起。

格里马尔迪国际会议中心曾多次被评为全球最佳会展中心。2007 年,这里第八次被英国旅行指南《会议和奖励旅游》(*Meeting & Incentive Travel*)杂志选为"英国之外最佳会议中心",位列阿姆斯特丹、巴塞罗那和香港之前。

地中海里的会议中心

2000 年 7 月投入使用的格里马尔迪国际会议中心,是摩纳哥最年轻的地标性建筑之一。此处距离尼斯国际机场只有 22 公里,后者则直接通往欧洲主要国家的首都机场。每年在此举办的超过 100 场国际展会及品牌活动,为公国增加了大量优质客源。

格里马尔迪国际会议中心依海而建,占地 3.5 万平米,造型宛如遗落在海边的一枚巨大贝壳。从外形上看,它由多角形玻璃和钢组成,地上高 20 米,地下深 20 米,各分三层。由巨大、发亮的玻璃构成的入口大厅,给人一种力量、平衡与和谐的感觉。正对入口正门的地方有一处日本庭院,没有会议安排时,游人可以随意参观游玩,举办活动期间则成为会议空间的一部分,变成一处前庭花园。

海里的会议中心

会议中心内有 3 个大礼堂、22 间独立会议室、3 间阶梯会堂，以及面积达 1 万平米的展览厅和两处餐饮休闲区域。有意思的是，建造者别具匠心地在大堂内的一道玻璃门上标注了显示当前海平面位置的刻度尺，提示人们这里是海平面的分界线，此处以下的会议厅，就是名副其实的建在地中海海里了。

会议中心最大的剧场是位于海平面下的王子厅（Salle des Princes）。它的舞台面积超过 1000 平米，拥有 1800 个木制的红色天鹅绒座席。其后台规模也很大，据说大型货车可直接开进去。这里以举办演唱会、歌剧、芭蕾舞剧为主，也承办产品发布会等活动。在展会区，Espace Ravel 厅可容纳 195 个 9 平米的展架，面积超过 4205 平米，其中包括欧洲少有的面积 2500 平方米高度为 7.8 米却见不到一根支柱的区域。

对于普通游客来说，到格里马尔迪国际会议中心参观的一项重要消遣，就是欣赏各类艺术展览。有人称这里为一座永恒的艺术长廊，全年在此举办的各种露天或室内展览让人目不暇接，包括 Gilles Aillaud 大师的艺术回顾展、Marc Chagall 大师从未公诸于世的珍贵作品，还曾展出有 2000 年历史的中国文物珍品。

第三部分 文化地标

王子厅里正上演芭蕾舞剧

西方剧场里上演的中国京剧

我在摩纳哥工作期间曾组织过多次文化交流，印象最深的一次，是 2000 年 12 月 1 日，来自中国京剧院的 70 余名演员在格里马尔迪国际会议中心的首次登台献艺。那次演出的是我国传统的京剧剧目《杨门女将》。

不少西方人在没看到京剧演出之前，把它想象成与西方歌剧类似的表演。为了更好地说明中国京剧的独特性与魅力，在正式演出开始前，我们做了不少宣传工作，包括印刷彩色的宣传材料、举办小型的京剧服饰道具展览、安排演员接受当地媒体采访等。

对于当年 7 月才刚落成的格里马尔迪会议中心来说，中国京剧在这里的首场演出意义重大，摩纳哥方面也非常重视。我的朋友艾威尔是会议中心的副总经理，她的丈夫时任摩纳哥财政大臣（是公国政府的四位大臣之一，相当于副总理兼财政部长），在他们的帮助下，从项目报批到剧务安排一路绿灯，不但把最大的剧场——王子厅免费提供给我们，还提前两周在会议中心的大厅里张贴出巨幅的宣传海报，帮助我们邀请嘉宾及媒体。

要保证京剧的原汁原味，又要让外国人能看懂，法语字幕是必不可少的。但京剧的唱词文学性很强，极具写意性，翻译成法文难度不小；而在中国家喻户晓的"杨家将"故事,在普通西方人看来是非常陌生的。因此，我们准备了一份内容详尽的剧目单，在演出开始前发给观众，其中详细说明了时代背景、故事梗概及人物关系，并具体介绍了每一场次的出场人物及情节发展，还配上了实拍的京剧人物形象和表演场景。演出开始后，搭配简单的法语字幕。这样，观众可提前充分了解剧情；欣赏完表演后，还可保留这份特别印制的剧目单，作为纪念。

演出当天，王子厅里座无虚席，时任王储的阿尔贝二世也亲临现场。不少观众提前一个多小时就来了，向现场工作人员了解京剧的有关情况。当天的表演获得巨大成功，当"你岂不知杨门女将都善战"的唱词响起，极具东方韵味的唱腔、翻飞的精致水袖、锣鼓齐鸣的武打阵势，让西方观众耳目一新。中场短暂的休息后，大幕重新拉开的一瞬间，当一身戎装、英气逼人的杨家女将出现在观众面前时，掌声如潮水般响起。

阿尔贝王子对当天的演出赞不绝口。事后他告诉我，这是他第一次欣赏中国京剧表演，感觉非常神奇、美妙，古代中国的这些"女战士"令人钦佩、感动，日后有机会他还要再看一次。很多观众也认为，中国京剧非常新鲜、热闹，表演者的素质很全面，身手不凡，让人印象深刻。

有两百年历史的中国国粹在西方剧场里受到追捧，让我们所有工作人员感到欣慰。

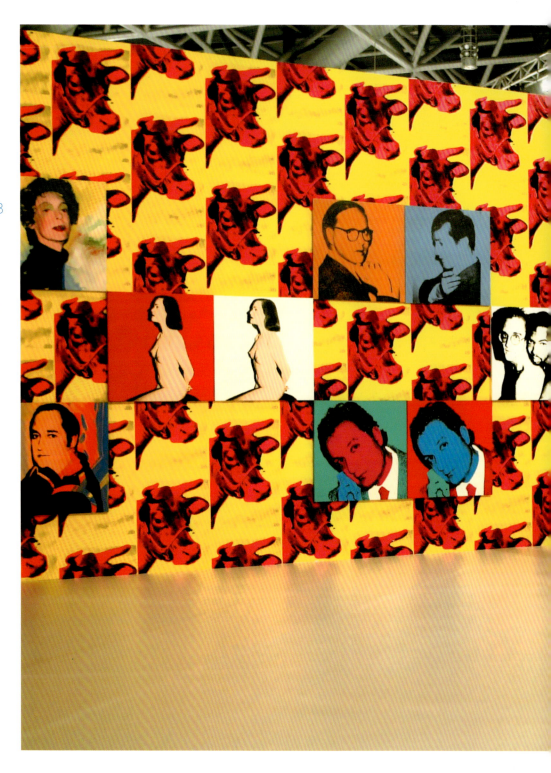

158

皇家赌城

看懂摩纳哥

艺术家挥洒创意的舞台

第三部分 文化地标

159 格里马尔迪国际会议中心

歌剧院与大教堂

蒙特卡洛歌剧院与摩纳哥大教堂是摩纳哥建筑和文化遗产方面名副其实的重要景点。

最美的咏叹调

小提琴演奏家张樟或许是在摩纳哥生活得最久的中国女孩。"十年前，我考入蒙特卡洛爱乐乐团，本以为过两年就会离开这里，一晃却已经在此住了十年。"

蒙特卡洛的艺术氛围，让张樟迷恋不已，尤其是在蒙特卡洛大剧院演奏时的那种感受，和在世界其他著名剧场的演出截然不同。在只有500多个座位的剧院里，你会感觉和观众的距离很近；演出后台也优雅得如同舞台，吸引了全球最顶尖的音乐大师。作为这个国家唯一的交响乐团的小提琴手，张樟有很多机会和最棒的音乐家切磋技艺。在传统的交响乐演出之外，她还创立了张樟乐队，将爵士乐和小提琴演奏、中世纪阿拉伯音乐和欧洲古典音乐的旋律融合起来，进行非常时尚的创作。

1878年，成功设计巴黎歌剧院、蒙特卡洛赌场的建筑师夏尔·加尼埃，在摩纳哥完成了自己的又一杰作——蒙特卡洛歌剧院。歌剧院与蒙特卡洛大赌场是一体两面的建筑，记录了法国文化最繁盛美丽的时代，也是摩纳哥的标志之一。

这座巴洛克风格的建筑瑰宝，有着壮观的楼梯和复杂的建筑结构，

歌剧院内的雕塑→

翻修后的歌剧院

以及全世界最大的舞台。为了纪念这位大师,人们特意用他的名字为歌剧院中的一个大厅命名。

1879年,加尼埃大厅由法国著名演员Sarah Bernhard揭幕,当时后排坐满了名门显贵,大厅的开幕成为歌剧界的重大事件。一百年间,众多表演艺术家、作曲家,如埃克托尔·柏辽兹(Hector Berlioz)、于勒·马斯内(Jules Massenet)、卡米耶·圣桑(Camille Saint-Saëns)、洛厄尔·李伯曼(Lowell Liebermann)等选择这个舞台进行世界首演。每年一月到四月轮番上演的高质量的剧目,为公国吸引来新的游客。

为了迎合欧洲贵族的文化生活需求而建造的歌剧院,因其高质量的演出成为摩纳哥新的文化地标。2003年9月至2005年9月,人们对歌剧院进行了最重大的一次整修,加尼埃大厅被彻底翻新。2005年11月19日,重新开业的歌剧院迎来的第一个盛典,就是阿尔贝二世的加冕仪式。著名的加尼埃大厅在经过几个演出季的翻修与设施更新之后,也在2005/2006演出季重新开放。

除了歌剧外,蒙特卡洛爱乐乐团、蒙特卡洛芭蕾舞团等摩纳哥"国字号"的演出团体,每年也会定期在蒙特卡洛歌剧院登台,为人们奉献优秀的乐曲演奏与芭蕾舞剧目。

歌剧院内的浮雕

翻修前从舞台上看过去的蒙特卡洛歌剧院加尼埃大厅。
这个大厅落成于 1878 年 1 月 25 日，由建筑师查理·加尼埃建造，当时的贵族包厢与其他包厢水平一样。1899 年施密特对其加以改造。

第三部分　文化地标

163　歌剧院与大教堂

歌剧院内部金碧辉煌

离上帝最近的地方

在摩纳哥历史上,宗教的影响无处不在。天主教是公国的国教,90%的公民信奉天主教。这里距离上帝最近的地方,就是摩纳哥大教堂。

教堂是欧洲人生活中不可或缺的重要部分,就像东方的寺庙一样,是神圣历史的见证。传说中,摩纳哥的由来和一位生活在残暴的戴克里先皇帝统治下的基督教徒的命运有关。一个名叫迪瓦特的年轻的科西嘉女人深受这位罗马帝国皇帝的迫害,被总督巴尔巴鲁斯处以极刑,遗体被放在一艘小船上,朝着非洲方向漂流。逆向吹来的海风最终将小船送到了摩纳哥高马特河谷的入海口处,人们从四面八方赶来,迪瓦特殉身宗教的故事在此传颂。当地人将漂流至此的圣女遗体看成上帝的庇佑与召唤,于是将迪瓦特奉为摩纳哥公国的守护者。以迪瓦特命名的大教堂,就屹立在当年殉教者遗体被发现的地方。

这座古罗马—拜占庭风格的教堂始建于1875年,是在一座献给圣尼古拉的13世纪小教堂的旧址上建造而成的,通体白色。据说,当时的设计师特意选用了一种名为Turbie的白色石料(取自法国境内阿尔卑斯山中的Turbie村),来营造教堂的圣洁氛围。

我们在一个清晨来到教堂。此刻世界刚刚从沉睡中醒来。

第三部分 文化地标

天主大教堂

用手触摸教堂前冰凉而巨大的石柱，指尖仿佛划过时间的皮肤。

穹隆形的大厅内，灯光昏暗，稀稀落落只有几个人，走路似乎都能听到回声。几排座椅带着经年的痕迹，安静地立在那里。1500年前尼斯画家Louis Bréa制作的祭坛装饰屏、主祭坛和白色大理石砌成的主教宝座，是珍贵的文物。四周的墙面上有很多彩色的装饰壁画，描绘着《圣经》中的人物与故事。教堂顶部周边的彩色小窗将天然光线引入室内，与跳动的烛火一起，营造出庄严神秘的氛围。

除日常祷告外，每逢节假日，当地人都会聚集到摩纳哥大教堂，参

每年的圣迪瓦特节上，摩纳哥亲王会象征性地点燃一艘船

大教堂内的礼拜厅

加隆重的主教祭祀仪式。尤其是每年 1 月 27 日的圣迪瓦特节，在这个公国重要的节日里，会在此举行有严格规定的古老仪式。传说里，中世纪时，几个歹徒想用一艘小船将圣女的遗骨偷运出去，闻讯赶来的人们烧毁了那艘船。这个故事成为如今祭祀仪式的由来之一，届时摩纳哥亲王将在民众和宗教领袖面前，象征性地点燃一艘船只，和大家一起记取古老的传统，缅怀公国的历史。

自 1976 年起，摩纳哥所有的宗教音乐会都在大教堂里举办。每年 12 月 8 日是摩纳哥的传统节日——圣灵怀胎节。从当晚六点半开始，大教堂前将有手持火炬的队伍举行大规模的游行。

百余年来，无数人在这座教堂里涤荡灵魂与信仰，它一头连接着极乐世界的天堂，一头维系着人间的离合悲欢。自 1885 年之后，摩纳哥的王室成员大多埋葬于此。1956 年，兰尼埃三世与凯利王妃就是在这里走向婚姻殿堂，王妃不幸去世后，也是葬于此地。

童话在这里开始，也在这里结束。

文化家园

摩纳哥是经济沃土，也是文化家园。

数百年来，不论历史兴衰，历任统治者从未间断过对文化活动的支持和参与。格里马尔迪家族积聚了众多艺术瑰宝，不但把摩纳哥王宫装点为镶嵌在里维埃拉的一颗明珠，还注重培育臣民的艺术热忱，重视文化的兴盛。

摩纳哥王室是文学、绘画、雕塑等艺术和体育运动的忠实拥趸。阿尔贝一世是出色的航海家；兰尼埃三世将杂技这种大众娱乐提高到主流艺术的地位。然而在这些魅力四射的文化艺术中，最负盛名的是摩纳哥的舞蹈和音乐。

舞蹈在摩纳哥的风行要归功于佳吉列夫(Diaghilev)，当然，也少不了当时摩纳哥公主的"慧眼识珠"。这位俄罗斯舞蹈家于20世纪初带领自己的舞蹈团驻留在大公国，在摩纳哥公主的鼎力支持下，他开创了蒙特卡洛俄罗斯芭蕾舞团的辉煌时代。在战争期间，舞蹈团经历了一段黯淡，1985年，在汉诺威公主卡罗琳的干预下，舞蹈团重获新生，更名为蒙特卡洛芭蕾舞团。凯利王妃与卡罗琳公主作为芭蕾舞的忠实拥趸，不遗余力地资助芭蕾舞团的建设。得到摩纳哥王室扶持的芭蕾舞团，在马约的

芭蕾舞演出

蒙特卡洛爵士音乐节

带领下,书写了大公国舞蹈的新篇章,舞蹈团的出色工作使得他们目前可以演出任何保留剧目。

摩纳哥的生活成本在欧洲国家中名列前茅。向来走高端、奢华路线的公国,也面临着在不够"价廉物美"的情况下留住中产客人、吸引更多消费的两难。要想客人停留得更久,就要提供更丰富优质的视听服务,以及人文层面的关照。文化生活的丰富多样,是近年来为悬崖之国增添魅力的绝好手段。蒙特卡洛交响乐团、蒙特卡洛芭蕾舞团、蒙特卡洛歌剧院以及贯穿全年52个星期的各类文化活动及特殊盛会,已然使公国成为世界一流的文化之都。

马戏表演

世界顶级音乐会

旅游指南

服务信息

◎交通

乘坐飞机去摩纳哥，一般要先降落在法国的尼斯机场。尼斯国际机场距离摩纳哥公国仅25公里。往返于摩纳哥至尼斯国际机场的机场巴士每小时两班，45分钟的车程，18欧元。2009年12月起摩纳哥公国还增加了5辆巴士服务于芒通－摩纳哥－尼斯的线路，使得连接摩纳哥和尼斯的巴士班次达到每15分钟一班。乘坐铁路去摩纳哥有如下方式：法国TGVs高速列车，巴黎始发；日间普通列车，从米兰、热那亚或巴塞尔都可以到达摩纳哥；夜间普通列车，从斯特拉斯堡、巴黎、图鲁兹、波尔多、米兰、威尼斯和罗马出发都可到达摩纳哥；地区性交通火车（TER），可以保证里维埃拉地区的城市之间的连通。

◎电话系统

从国外打电话到摩纳哥，请加拨摩纳哥公国的代码377。从摩纳哥打电话到其他国家，请拨00+国家代码+对方的地区号码。电话卡50 units和120 units在邮局和烟草店均有销售，在大部分的电话亭均可使用。详情请拨打电话：+377 97 97 38 38。

◎银行

开放时间：除特定节日下午外，星期一至星期五 9：00-12：00；14：00-16：30。大部分的银行均有外汇柜台，可进行兑换。在摩纳哥大部分商场接受的信用卡有美国运通卡、欧罗卡－万事达卡；维萨信用卡，Diners Club和Premier。

◎邮局

营业时间：星期一至星期五 8：00-19：00，星期六8：00-12：00；电信和电话服务部门，每天8：00-19：00；电话：+377 97 97 25 25。

◎警察局

电话：+377 93 15 3015；紧急电话：17

◎医院

急诊部：+377 93 30 1945；普通部：+377 97 98 99 00；工作时间外，请拨打141（若用公共付费电话拨打，也可以拨打电话 +377 93 15 30 18）。

◎救护车和消防队

电话：18 或 +377 93 30 1945　　+377 93 15 66 99

失物招领处

电话：+377 93 15 30 18

◎主要节庆及活动

公共假期 新年1月1日，圣迪瓦特节1月27日，劳动节5月1日，圣母升天节8月15日，万圣节11月1日，国庆节11月19日，圣灵怀胎节12月8日，圣诞节12月25日。

1月 国际马戏节 每年都有数百名全世界的顶尖表演者聚集一堂，为期一周，最好的演员则将被授予"金小丑"和"银小丑"奖项。

3月 玫瑰舞会 摩纳哥最主要的慈善活动。每年汉诺威公主都会钦定新的晚会主题。而舞会场地所在的星际大厅则会被二万五千朵玫瑰所簇拥。届时明星及名流们将身着设计师礼服出场，为舞会增光添彩。

4月 蒙特卡洛春季艺术节 全球的天才艺术家将聚集摩纳哥，给公国的民众及游客带去艺术，音乐，戏剧，舞蹈等系列演出。同时著名的蒙特卡洛交响乐团和蒙特卡洛芭蕾剧团亦将在艺术节期间登台献演。

4月 蒙特卡洛网球大师杯赛 世界著名红土赛事。

5月 蒙特卡洛经典大奖赛 每两年举行一次的经典老车回顾比赛。

5月 摩纳哥F1大奖赛 每年春季来自全世界的车迷涌入公国，一睹城市赛道的激烈比赛。

7月、8月 蒙特卡洛国际烟花节 夏季的盛会，于摩纳哥美丽的大力神海港上空绽放。

8月 蒙特卡洛红十字舞会 由阿尔贝亲王筹划的年度慈善募捐活动于8月的最后一个周末举行。精致无比的佳肴，顶级的歌手及乐手现场表演，众多的国际名流。

9月 摩纳哥国际游艇展 集结了全世界最先进的游艇，展会还有豪华车，香槟及私人飞机等品牌参与，为豪华游艇主提供更多的享受选择。

11月 摩纳哥国际马拉松 世界上唯一横贯三个国家的马拉松比赛。

11月 摩纳哥国庆日 11月19日是融入并体验公国节庆气氛的最佳机会。

12月 国际古董、珠宝及艺术展 每年都在格里马尔迪会议中心举办的展会。

摩纳哥公国旅游与会议管理局中国代表处

网站：www.visitmonaco.com
实时中文资讯：http://news.visitmonaco.com
电话：(86 21) 5359 1585；6359 1535
邮箱：Monaco.China@aviareps.com
地址：上海南京西路128号1605室
传真：86 21 6359 1571

蒙特卡洛SBM滨海度假集团中国代表处

电话：(86 10) 67161318-24
手机：13910688456 13901079624
邮箱：alainhong@vip.sina.com   maggie@etourtravel.com.cn

附录　上海申博的见证者

上海世博会，是世博会150年历史上第一次与发展中国家结缘。在其成功申办的背后，有着无数次激烈角逐与无数人的默默付出。我有幸参与其中，希望能用点滴笔墨，追忆那些发生在摩纳哥弥足珍贵的时刻。

申博关键时刻的后勤保障

在上海申博最关键的那几个昼夜，我作为驻法使馆的办公室主任，负责中国申博代表团的后勤保障工作。

2002年11月底，申博大会召开前夕，围绕申博的竞争已进入白热化阶段。随同李岚清副总理来法访问和出席在摩纳哥举行的国际展览局132次会议的，有国务委员吴仪和来自上海的申博代表团，以及外交部、经贸部、贸促会等派出的代表团组，共二百余人。其阵容之强大、人数之多、活动范围之广，都是空前的。

吴建民大使表示，为使代表们能够精力充沛地投入工作，最好让国内来的同志每顿都能够吃上中餐。这在巴黎相对来说还比较容易，但在摩纳哥却是个大问题——这是个袖珍小国，当地的中餐馆屈指可数，且规模很小，根本满足不了这么多代表的需要。最后决定派我使馆的厨师前往摩纳哥，专门负责为代表团制作中餐。

随即，我派副主任聂波驱车一千余公里，带厨师陈来泉和林峰先行前往摩纳哥，与当地一家叫"金门楼"的餐馆商谈相关事宜。"金门楼"的何老板听说此事后，当即表示拟将餐馆停业，借给我们使用。接着，利用我馆厨师与法国华人在平时工作时建立起来的关系，在他们的建议下，我们租用了巴黎中国超市的大货车，将两吨多重的食品原料和其它必需品运往摩纳哥。在装运这些食品的过程中，工勤硬是用肩臂、双手卸下了重达两吨的食品，并经由狭窄的楼梯运到二楼的食品库里。在那些日子里，厨师们常常连续工作十几个小时,他们每天凌晨 5 点多就进入厨房,一直要忙到晚上 10 点左右。

把世博会带到中国

  2002 年 12 月 3 日,国际展览局第 132 次大会的最后一天,各国代表在格里马尔迪国际会议中心投票决定 2010 年世界博览会的举办地。参与最后角逐的有中国的上海、俄罗斯的莫斯科、韩国的丽水、墨西哥的墨西哥城,以及波兰的佛罗茨瓦夫,竞争异常激烈。中国被安排在最后一个进行陈述。

  12 点 20 分,中国驻法国大使吴建民以一段精彩的开场白,拉开中国陈述的序幕。他首先用法语引用中国先圣孔夫子的名言说,"三人行,必有我师",前面四个国家的陈述,让我们学到了很多东西。紧接着又立刻充满信心地表示,可是,毫无疑问,中国上海将是举办 2010 年世博会的最好选择。

  12 点 30 分,国务院副总理李岚清走上讲台,以流利的英语代表中国政府郑重承诺:中国如果申办成功,将兑现所有承诺,举办一届成功、精彩、难忘的世博会。"举办世博会,是中国人民由来已久的梦想,中国正敞开博大的胸怀,迎接各国人民。"

  "好一朵美丽的茉莉花,芬芳美丽满枝芽……" 12 点 35 分,悠扬的歌声响起,大银幕上出现了天真烂漫的儿童、充满青春活力的青年、中华各族人民,以及金发碧眼的外国友人,他们唱着同一首歌——《茉莉花》;北京的故宫、天坛,西安的兵马俑,上海的城隍庙;京剧表演,交响乐演奏,太极拳……逐一被精心地编排,交替地出现在银幕上,展现着中国悠久的历史、灿烂的文化和上海市提出的"城市,让生活更美好"这一 2010 年世博会主题。

  12 点 43 分,上海市市长登上讲台,表示"2010 年的上海世博会必将书写崭新的纪录,成为国际展览业历史上一次前所未有的盛会","中国人民、上海人民欢迎你们"。银幕上旋即出现中国人民期盼世博会的热烈场面:浦江两岸和来自全国各地的民众在热情地呼唤：申博，申博，祝福中国申博成功！

12点51分，吴建民大使向全场介绍中国最后一位陈述者——国务委员吴仪。他说："中国有句话，妇女能顶半边天。今天，吴仪国务委员是代表中国全体的公民讲话，她代表的就不仅是半边天，而是整片天了。"吴大使幽默的话语，引起了会场上热烈的掌声。在掌声中，吴仪国务委员身着天蓝色套装，稳步走上讲台，显得格外雍容自信。"中国人民翘首等待着各位的选择。我们对世博会的热情和渴望，可能远远超出你们的想象。"她向全体代表举起双手，呼吁他们"给中国一个机会"！

12点56分，中国代表团结束精彩的陈述，又一次赢得了全场热烈的掌声。

2002年12月3日当地时间下午3点45分，历史在这一瞬间定格：经过四轮紧张的投票，上海以54：34票的巨大优势战胜韩国丽水，取得了最后的胜利。顿时，会场内外的中国申博代表团全体成员欢欣鼓舞，不少人互相拥抱，流下热泪。许多参与申博工作的人都哽咽了，前后三年的艰辛努力终于有了回报——我们终于把世博会带回了祖国！

欢庆时刻

无论申博成功与否，我们都计划会后在所下榻的蒙特卡洛大饭店能容纳四百多人的金厅里举行相关活动。然而场地被美国预定，我们的活动只能安排在一个狭长的走廊里进行，并且参加人数最多只能是120人！在此之前谁都没有预料到会出现这样的问题。一旦申博成功，我们不可能在这样一个走廊里面对全国观众举行庆祝活动；但倘若重新物色新的场地，时间上肯定不允许。怎么办？

突如其来的变动让大家措手不及。凭着多年外事工作的经验，我决定竭尽全力争取按原计划进行。面对频频摇头的酒店经理，我依然不死心。最后终于做通了酒店销售经理和主管的工作。之后，我们又找到美方的负责人，反复与他们协商，并承诺在当晚 8 点 30 分之前归还场地。我的承诺终于打动了他们。

当晚 6 点 30 分，庆祝活动正式在蒙特卡洛大饭店金厅举行。申博代表团的所有成员、我驻法国使馆和驻马赛总领馆的工作人员、当地留学生、南方华人协会及侨界代表济济一堂。国务院副秘书长徐绍史首先宣读了江泽民主席和朱镕基总理的贺电，吴建民大使等发表了热情洋溢的讲话，馆员和留学生们也都表演了精彩的节目，会场气氛极其热烈。大家还共同提议，请李岚清副总理弹琴相贺。李副总理先风趣地表示"今天就不乱弹琴了"，随后激情洋溢地高歌了一曲《我的太阳》，整个庆祝活动的氛围推向高潮。

"难忘今宵，无论天涯与海角……"在那个冬日的夜晚，沉浸在巨大喜悦中的中国代表团全体人员在摩纳哥度过了一个不眠之夜。人们释放胜利的激情，抒发成功的喜悦，齐为中国和上海举杯。

在雄壮的《歌唱祖国》歌声中，我宣布庆祝活动圆满结束。此刻，时间正好是晚 8 点 20 分。

后 记

2009年8月，我出任中国驻法国海外省留尼汪圣但尼总领事。到了留尼汪以后，我不止一次地听到当地人及华侨谈起他们对于上海世博会的期待，很多朋友都对我说，届时一定会去上海，去中国看看。现已确认2010年8月15—31日为世博会法国馆的留尼汪双周日，届时留尼汪地方政府会在上海举行丰富多彩的活动，留尼汪地方政府已经邀请我参加双周日开幕式，我将代表总领馆到现场祝贺并表示支持。

我想，把摩纳哥视作上海世博会的"福地"并不为过。出于对这个国家的了解与喜爱，三年前，我开始在工作之余，试着写下一些回忆性的文字。

创作的过程是艰苦的，尤其是时隔多年，当年亲历的不少人和事，已经面目模糊。如何把这些记忆的碎片拼接起来，对于经常被工作及生活事务打断思路的我来说，是一次不小的挑战。

感谢吴建民大使在百忙之中为本书作序。吴大使是我非常钦佩的一位外交家，他学识渊博，风度翩翩，跟随他工作的那几年，吴大使对大使馆的同志关怀备至，其言传身教令我受益良多。

感谢阎兰女士的热情推荐。在日内瓦留学的那段时光，渐成记忆中的模糊风景，但自那时结下的友谊，纵使日后各自奔波四方，依然铭记心底。

感谢阿尔贝二世亲王对我在摩纳哥工作期间的支持，以及在我回国多年后的几次破例相见。阿尔贝优雅、谦和的风度让我折服，他对中国文化及中国京剧的喜爱，总能丰富我们的谈资，是发自肺腑的热爱。能和这样的君王相识并有所交往，我一直是非常荣幸而心生感激的。

感谢摩纳哥旅游局局长Michel Bouquier先生、营销主管Florence Michel-

Bouvier 女士，以及摩纳哥旅游局中国代表处的董瑾女士。本书从构思到完稿的几年间，他们提供了诸多帮助与鼓励。尤其要感谢董瑾女士的专业与严谨，正是她帮助与总部沟通、翻译、整理相关素材并遴选照片，本书的出版才得以顺利推进。

感谢摩纳哥 SBM 集团营销副总裁 Axel Hoppenot 先生、亚太市场营销总监白丹阳（Benoit Badufle）先生、集团档案馆 Charlotte Lubert 女士，以及集团中国代表处首席代表洪得荣（Alain Hong）先生，他们为我 2008 年的摩纳哥之行提供了很多便利。得益于他们善意、周到的安排，我进一步充实了写作素材。特别要感谢的是，Lubert 女士在我回国之后，如约寄来内含蒙特卡洛珍贵史料文字及图片的光盘，其中很多历史照片属首度公开；洪先生则一直与我沟通、跟进本书的写作，他是本书的第一批读者之一。

本书所选用的照片，大部分源自 SBM 集团档案馆及摩纳哥旅游局的官方资料。由于篇幅所限，未能逐一标注出处。深以为歉，在此一并致谢。

最后，要感谢我们领馆的各位同仁；留尼汪华侨联谊总会的主席林源祥和秘书长萧天生；浙江同乡会的李康乐会长和张良常务副会长；浙江商会会长邱海华和常务副会长王险峰等朋友。在风景如画的留尼汪，本书完成了最后一次修订。若没有各位朋友的支持与鼓励，我恐怕难有信心在建馆、开馆、接待国内各代表团等繁忙的工作之余，坚持本书的校改。

我希望经过三年多时断时续的写作，最终呈现在大家面前的这本小书，能够片段地描画出摩纳哥的美丽与精彩，让更多的中国人了解这个国家，了解生活在这里的人。但我自知一杆拙笔难免挂一漏万，还望读者诸君多加指正。

张国斌
2010 年 7 月于中国驻留尼汪圣但尼总领馆

图书在版编目（CIP）数据

皇家赌城：看懂摩纳哥 / 张国斌著. —北京：北京大学出版社，2010.8
（沙发图书馆·暴走星球）
ISBN 978-7-301-17542-2

Ⅰ.①皇⋯　Ⅱ.①张⋯　Ⅲ.①摩纳哥–概况　Ⅳ.① K956.6

中国版本图书馆 CIP 数据核字（2010）第 138735 号

书　　　名：皇家赌城——看懂摩纳哥
著作责任者：张国斌　著
责 任 编 辑：王立刚
装 帧 设 计：　设计·yp2010@yahoo.cn
标 准 书 号：ISBN 978-7-301-17542-2/G·2909
出 版 发 行：北京大学出版社
地　　　址：北京市海淀区成府路 205 号　100871
网　　　址：http://www.pup.cn　电子邮箱：sofabook@163.com
电　　　话：邮购部 62752015　发行部 62750672　出版部 62754962
　　　　　　编辑部 62752022
印　刷　者：北京汇林印务有限公司
经　销　者：新华书店
　　　　　　720mm × 1020mm　16 开本　12 印张　80 千字
　　　　　　2010 年 8 月第 1 版　2010 年 8 月第 1 次印刷
定　　　价：48.00 元

未经许可，不得以任何方式复制或抄袭本书之部分或全部内容。
版权所有，侵权必究
举报电话：010-62752024　电子邮箱：fd@pup.pku.edu.cn